La clef

DES MÊMES AUTEURS

De Gérard Davet et Fabrice Lhomme

Sarko m'a tuer, *Stock, 2011*

L'homme qui voulut être roi, *Stock, 2013*

French corruption, *Stock, 2013*

Sarko s'est tuer, *Stock, 2014*

De Fabrice Lhomme

Le Procès du Tour, *Denoël, 2000*

Renaud Van Ruymbeke : le juge, *éditions Privé, 2007*

Le Contrat : Karachi, l'affaire que Sarkozy voudrait oublier *(avec Fabrice Arfi), Stock, 2010*

Gérard Davet
Fabrice Lhomme

La clef

Révélations sur la fraude fiscale du siècle

Stock

Couverture Atelier Didier Thimonier

ISBN 978-2-234-08037-9

À Sylvie, Lisa, Nicolas. Et Yutah.
En souvenir de Jacques Bérard.
G.D.

À ma compagne, ma sœur,
mes parents, mes enfants.
À la mémoire de John Graham Mellor.
F.L.

Aux femmes et aux hommes du SDLP.
G.D. et F.L.

On ne devrait écrire des livres
que pour y dire des choses
qu'on n'oserait confier à personne.

Emil Michel Cioran,
De l'inconvénient d'être né

Point d'argent, point de Suisse.

Racine, *Les Plaideurs*

Préface

Cette clef USB nous brûle les mains.

Elle, si banale, couleur rouge sang.

Parfois, il nous arrive de la sortir de sa cachette – de ses cachettes, plutôt. On la regarde, puis on se dévisage, perplexes.

Tourmentés.

Que faire ? Cette clef pèse trop lourd. Nous seuls connaissons sa réelle provenance, son pouvoir de nuisance, ce qu'elle implique aussi de vies gâchées, en suspens.

L'opération SwissLeaks, c'est elle.

Le deuxième groupe bancaire mondial est à sa merci. Mais pas seulement. Son contenu ? De très précieuses données volées par un informaticien en quête d'argent, puis de gloire, Hervé Falciani. À savoir 106 000 noms de fraudeurs fiscaux potentiels, issus de près de 200 pays, leurs avoirs chez HSBC Private

Bank, à Genève, leurs sociétés offshore... Parfois, leurs secrets d'alcôve, aussi.

180 milliards d'euros calfeutrés dans cet insignifiant objet qui jamais vraiment ne nous quitte.

Dissimulé, déplacé. Souvent.

Des fois que...

Paranoïa ? Comment expliquer, alors, ces mises en garde récurrentes, ces curieux messages, ces menaces, directes ou indirectes ne cessant d'affluer depuis que nous sommes entrés en sa possession...

On nous l'a assez répété, qu'on allait se créer de puissants ennemis...

Écrasante responsabilité. Cette clef USB, pour arriver jusqu'à nous, a suivi un incroyable parcours, jalonné de chausse-trappes, rendu possible par une poignée d'hommes et de femmes de bonne volonté... Huit, plus précisément. Ces citoyens ne sont pas tous animés des plus pures intentions, ne se connaissent pas forcément, mais ils ont un point commun : sans eux, l'affaire HSBC/SwissLeaks, le plus grand scandale de fraude fiscale de tous les temps, n'aurait jamais explosé. Ils ont permis l'existence de cette clef USB ou nous ont aidés à l'obtenir.

Nouvelles révélations à l'appui, l'ambition de cet ouvrage est de raconter la genèse et les dessous d'une affaire extraordinaire – au sens propre du terme –, à travers ses protagonistes principaux. Ceux sans qui rien n'aurait été possible...

C'est un thriller aux huit visages.

Il fallait tout dire, ou presque. Raconter comment et pourquoi deux reporters du *Monde* ont été destinataires d'informations explosives qui, boostées par un consortium international de journalistes d'investigation, n'ont pas fini d'affoler la planète. Nourri de documents ultrasecrets, de témoignages inédits et de nombreuses sources de premier plan, ce livre offre une plongée stupéfiante dans les coulisses d'une investigation planétaire, entre Paris, Londres ou Washington, émaillée de rebondissements étonnants. Une enquête sous haute tension, aussi, aux enjeux financiers, politiques ou diplomatiques absolument colossaux.

On parle en effet ici de blanchiment d'argent de la drogue, de trafic d'armes ou de terrorisme. De politiciens, de stars du cinéma ou de la chanson, de vedettes du sport, de richissimes hommes d'affaires, de pontes de la mafia... Pour la plupart, fraudeurs avérés. Donc délinquants.

Il n'est pas question dans cet ouvrage de jouer les délateurs, quand bien même certains noms seraient donnés. Mais frauder le fisc constitue, il faut le rappeler, un délit, selon l'article 1741 du Code général des impôts, sanctionné à ce titre de cinq années d'emprisonnement. Le simple fait que certains puissent mettre en cause le bien-fondé d'opérations journalistiques type SwissLeaks en dit long sur le sinistre pouvoir de l'argent.

En particulier en France.

Enfin, que penser d'un établissement bancaire qui incite ses clients à contourner les règlements européens en vigueur, ainsi que l'attestent les fiches de contact révélées elles aussi par les listings Falciani, et qui va jusqu'à démarcher dans l'Hexagone nos plus riches contribuables (voir l'annexe 1) ? Le parquet national financier a tranché, puisqu'il réclame depuis le 10 mars 2015 le renvoi de la filiale suisse de la banque devant le tribunal correctionnel, dénonçant « un système organisé de blanchiment d'une ampleur exceptionnelle, constituant une véritable politique commerciale ». Dans l'attente d'un éventuel procès, HSBC Private Bank reste bien entendu présumée innocente, de même que sa maison mère, le groupe HSBC Holdings, mise en examen à son tour en avril 2015 pour « complicité de blanchiment de fraude fiscale aggravée » et « complicité de démarchage illicite ». Le tout assorti d'une caution record de 1 milliard d'euros ! Une décision jugée « infondée » par HSBC Holdings, qui a fait appel.

Passée à la postérité sous le vocable « SwissLeaks », son nom de baptême médiatique, cette affaire sans précédent – dont le scénario, où le suspense le dispute à la peur, relève à la fois du roman d'espionnage et du thriller politico-financier – est donc aussi, et d'abord, une histoire terriblement humaine.

Elle met en scène une espionne des services secrets aussi discrète qu'efficace, un informaticien retors, mais également des agents du fisc à la fois excités et effrayés à l'idée de réussir le plus gros coup de leur carrière, des magistrats bridés par des freins politiques, deux grands reporters porteurs d'une clef USB très convoitée ou encore une congrégation de journalistes d'investigation, étrange assemblage de « chasseurs solitaires » pour une fois unis.

Et, bien sûr, une source providentielle, vouée à rester dans l'ombre, mais dont le courage et le sens civique l'ont incitée à prendre le risque de transmettre les informations explosives sur lesquelles elle était parvenue à mettre la main.

Ensemble, ces personnages composent une improbable armée de l'ombre, protagonistes d'une histoire hors norme qui a fini par les dépasser, solidaires comme les maillons d'une chaîne invisible. Chacun d'entre eux, à un moment ou à un autre, s'est mis en danger – certains le sont toujours...

Ils ont risqué leur réputation, parfois même leur vie. Beaucoup ne se sont jamais vus, ni même parlé. D'autres se sont croisés, au détour de colloques, dans des chambres d'hôtel, des locaux officiels, ou des bistrots discrets.

Tous sont les acteurs d'un même film, dont aucun ne connaissait le script.

Destins entrelacés. À son niveau, chacun a œuvré, sans en avoir toujours conscience, pour une cause supérieure à ses intérêts particuliers. Quelques-uns ont dû abandonner la course en route. Écartés. Humiliés.

Tous en savaient trop.

Mais, unis sans s'être concertés, ils nous ont permis de mettre la main sur cette petite clef rouge ouvrant la porte des coffres suisses.

Nous seuls les connaissons tous, nous sommes le lien.

L'affaire, elle, ne fait que débuter.

Quoique déjà vertigineuse, elle recèle encore de nombreux mystères. Il fallait disposer d'un million de dollars pour devenir client de HSBC Private Bank Genève – à déposer dans les douze mois suivant l'ouverture d'un compte. Or, nombre de clients répertoriés sur les listings présentaient des avoirs peu importants, voire proches de zéro, entre novembre 2006 et mars 2007, période sur laquelle portent nos données.

Qu'est devenu leur argent ?

Qui se cache derrière les comptes des « gestionnaires HSBC », nantis de dizaines de millions d'euros, et sans doute simples prête-noms d'occasion ? À qui conduisent ces sociétés-écrans, domiciliées dans les paradis fiscaux, dont les titulaires n'ont jusque-là pu être identifiés ?

Des noms, prestigieux, trop connus, des intérêts, énormes, effrayants, restent encore tapis, protégés par les statuts offshore de centaines de sociétés. À l'abri.

Pour l'instant. Tant de données restent à décrypter.

Foutue clef.

I

L'espionne

Le premier homme qui en savait trop est une femme.

Margaux.

Enfin, elle est censée se prénommer ainsi. Elle appartient à la Direction générale de la sécurité extérieure (DGSE), le plus célèbre des services de renseignement français. Là-haut, dans le Nord-Est parisien, boulevard Mortier, du côté de la porte des Lilas, le mensonge est un art répandu. Voire une vertu.

Margaux est donc ce qu'on appelle un « agent secret ».

Une espionne.

Autant être francs, on ne sait rien d'elle. Du moins, pas grand-chose.

Petite, grande, jolie, brune, blonde, forte en gueule ? Il faudra l'imaginer. On ne connaît d'elle que sa voix. Précise, ferme, assurée. Quand elle cause, on l'écoute.

Margaux a une spécialité. Elle est comportementaliste.

Experte dans l'art de jauger une source, d'évaluer son langage corporel, ses intonations… son degré de fiabilité. À elle de donner son accord préalable à toute opération clandestine, à tout recrutement d'informateur. Elle sait jusqu'où aller, adapter son discours – c'est la reine de la métaphore –, comment pousser une source à se confier. Elle explique, disserte, décortique. Bref, une pointure. Elle a connu l'enseignement impitoyable de la DGSE, « la Boîte » comme ils disent boulevard Mortier, avec l'apprentissage des indispensables règles de sécurité, les cent soixante-douze stages de toutes sortes, les cinquante-cinq semaines de formation…

C'est elle qui, ce 6 décembre 2008 dans une chambre d'hôtel sans âme à Saint-Julien-en-Genevois, en Haute-Savoie, près de la frontière suisse, doit donc évaluer l'intérêt de pousser les feux, d'intensifier les liens avec un mystérieux interlocuteur, un informateur potentiel de très haut niveau semble-t-il. C'est elle qui va définitivement assurer l'une des plus belles prises de l'histoire du fisc français, en validant la solidité de la piste.

Sans son expertise, qui sait ce qui serait advenu…

L'homme auquel Margaux fait face prétend s'appeler Ruben Al-Chidiack. La belle trentaine. Avenant. On ne comprend pas toujours ce qu'il dit, tant, parfois, ses mots semblent en décalage avec ses pensées, s'entremêlent, se confondent… Ses paroles sont comme évanescentes, il emploie un curieux jargon, utilisant les termes les plus alambiqués pour signifier les choses les plus simples. L'abstraction figurative appliquée au langage…

Mais, enfin, il a tout du gibier de choix.

Encore faut-il s'assurer que ce déroutant personnage est sincère, clair dans ses intentions. Premier souci, de taille : Ruben Al-Chidiack n'existe pas. En tout cas, pas sous cette identité. C'est un pseudonyme. L'homme se cache, se protège, depuis qu'en avril 2008 il a adressé un courrier plutôt aguicheur à Philippe Guillonneau, policier à la brigade centrale de lutte contre la corruption, située à Nanterre. Il assure alors disposer de tous les détails liés aux clients de la banque HSBC Private Bank, en Suisse. L'une des plus grosses banques privées au monde. Basée à Londres, la maison mère, HSBC Holdings, est un mastodonte bancaire.

HSBC. Quatre lettres pour un sigle signifiant « Hong Kong and Shanghai Banking Corporation ». Elle a été fondée au XIXe siècle par un Écossais, un certain Thomas Sutherland, alors dirigeant de la compagnie de navigation P & O. HSBC ouvre sa première agence à Hong Kong le 3 mars 1865, puis, un mois plus tard, une seconde à Shanghaï. Dès son origine, l'établissement dégage une odeur de soufre. Ou plutôt de pavot ! « Ses premières richesses, HSBC les rassemble [...] grâce aux récoltes d'opium des Indes, puis du Yunnan chinois », rappelait un excellent article du *Monde Diplomatique*, en février 2010. De fait, sa fondation a été consécutive aux victoires de l'empire britannique contre la Chine lors des deux guerres de l'opium (1839-1842 puis 1856-1860). Aujourd'hui, HSBC, c'est un géant présent dans 84 pays, employant

271 500 collaborateurs pour quelque 60 millions de clients.

C'est à cette institution que Ruben Al-Chidiack prétend s'être attaqué. Il jure détenir les preuves des avoirs dissimulés de 20 130 sociétés, et de 107 181 personnes physiques, le tout issu de 144 pays. Il promet la livraison de 70 gigaoctets de données, rien que ça...

Une aubaine.

Une mine d'or, même.

Les policiers transmettent l'information à la Direction nationale d'enquêtes fiscales. Bras musclé et secret du ministère du Budget, la DNEF, ce sont quatre cent vingt enquêteurs d'élite, basés à Pantin, en banlieue parisienne, dans des locaux hypersécurisés. Eux, ce sont vraiment des chasseurs. Ils ont beaucoup de moyens et assez peu d'états d'âme. Leur boulot, c'est de traquer les fraudeurs, en mêlant renseignement et action.

Le tuyau atterrit sur le bureau du patron de la DNEF, Roland Veillepeau. Ça tombe bien, à la même époque, ce dernier, à la tête du service depuis un an seulement, a obtenu, par l'entremise de l'un de ses amis en poste au NCIS anglais – une structure interservice dépendant du Premier ministre –, le même type d'information. C'est qu'Al-Chidiack a aussi envoyé, le 18 mars 2008, à 11 h 05 très précisément, un mail à l'adresse enquiries.estn@hmrc.gsi.gov.uk (voir l'annexe 2). Celle du fisc britannique.

Le texte est plutôt incitatif : « J'ai la liste complète des clients de l'une des cinq plus grandes banques privées mondiales. » De quoi appâter, d'autant que le rédacteur du message promet de livrer l'identité de 4 525 fraudeurs britanniques. Et pourtant, les agents anglais ne réagissent pas. Ils sont alors englués dans un autre scandale fiscal, lié lui au Liechtenstein. Ils laissent passer le coup du siècle. Volontairement ou contraints ? Erreur de jugement ou pression politique ? Comment, dans tous les cas, ne pas souligner la présence de lord Stephen Green à la présidence de HSBC à l'époque, un ponte, qui deviendra dès son départ de la banque, fin 2010, ministre du Commerce de David Cameron... Bien entendu, rien ne prouve son intervention. Mais les autorités anglaises n'avaient manifestement pas envie de chercher des noises à HSBC, groupe britannique qui plus est.

Les Allemands, eux aussi, ont reçu un courriel du même type (voir l'annexe 3). Et tardé à réagir. Ils vont rater une occasion en or.

Pas Veillepeau. Le giboyeur a humé la belle proie. Alors, il transmet ses consignes à son secrétaire général, François Jean-Louis, et au chef de la cellule des affaires particulières, Jean-Patrick Martini : Allez voir ce qui se trame, leur dit-il en substance, prenez contact avec Al-Chidiack, mais restez prudents.

Les deux hommes connaissent leurs classiques : les agents du fisc français ne payent pas leurs informateurs, contrairement à leurs homologues allemands par exemple, alors il faut ruser, faire appel au civisme, voire parfois aux sentiments patriotiques des sources éventuelles.

Là-bas, à la DNEF, Martini, on le surnomme « l'apéro ». Facile. Ce bon vivant, amateur de cigares, né au Vietnam dans les années 1960, est devenu inspecteur principal des Finances publiques à force de multiplier les exploits. « Je suis chargé à la DNEF du traitement des sources, du renseignement humain », résume-t-il devant les gendarmes, en septembre 2013. C'est aussi une tombe, un type à la voix grave, rocailleuse, qui sait déterrer les secrets fiscaux.

Un agent secret au service de Sa Majesté Bercy.

Bien avant le rendez-vous définitif du 6 décembre 2008, il y a donc un premier contact. Au printemps 2008, Margaux n'est pas encore dans la boucle. Al-Chidiack est d'abord pris en main par la paire Jean-Louis/Martini. Quand une telle source se manifeste, il faut avant tout la sonder, l'évaluer.

Essayer de deviner ses intentions.

Un rendez-vous est fixé à la frontière franco-helvétique le 28 juin 2008. Quelques amis de la DGSE sont présents en couverture, au cas où. Des gros bras.

À la DNEF, on a pris l'habitude, depuis longtemps, de travailler en étroite collaboration avec les espions des services secrets extérieurs. Ils ont des possibilités techniques incroyables, des méthodes éprouvées. Souvent, des gueuletons d'enfer réunissent les membres de cette étonnante confrérie de l'ombre.

Ce 28 juin, ils sont là pour filer un coup de main. Al-Chidiack marche dans la rue, tranquille. Température estivale. L'homme est en tee-shirt, bronzé, un sac à la main.

Clic-clac. Clic-clac. Les gars de la DGSE prennent des clichés par dizaines. En cachette.

Nous avons pu voir ces photos. Al-Chidiack semble décontracté, presque serein. Il entre dans un immeuble. Pénètre dans une pièce. Martini et Jean-Louis sont là, un peu nerveux, eux. Cette conversation, c'est le point de départ de toute l'affaire. Elle a été enregistrée, car Martini a pris le soin de dissimuler un micro sur lui. À l'insu de la source. Pour conserver des preuves, et rendre des comptes. Nous avons pu prendre connaissance des enregistrements – remontés au plus haut niveau à Bercy –, les authentifier et retranscrire fidèlement la discussion. On a écouté, réécouté.

Fascinante séance d'approche.

On y entend Martini et Jean-Louis inciter Al-Chidiack à commettre un acte illégal, à leur fournir des données qu'ils savent volées, mais qu'ils se chargeront d'anonymiser, afin d'éviter tout recours judiciaire de contribuables rattrapés ultérieurement par le fisc.

Voici comment tout a débuté.

– Donc on vous écoute, commence Martini. On peut prendre des notes, ça ne vous ennuie pas ?

– Au contraire... Moi-même j'en prendrai, rétorque Al-Chidiack. Pour reprendre l'historique de ma démarche, je travaille pour une banque privée, et j'ai pu réaliser qu'un certain nombre de choses étaient cachées.

– Vous êtes en effet avec le service adéquat pour traiter ce genre d'informations. Alors maintenant je voudrais vous poser une question : comment vous pouvez être sûr que le comportement de la banque cache des irrégularités alors que la banque se conforme finalement à ses règles, c'est-à-dire le secret bancaire ou le secret professionnel ? Qu'est-ce qui vous fait dire que, le fait de respecter cela, ça masque des irrégularités ?

– Moi je n'ai pas d'assurance sur ce point, seulement que, s'il y en a, je me sens à même de les révéler.

– D'accord. Donc vous avez des exemples précis, qui pourraient nous intéresser ?

– Moi j'ai l'ensemble...

– C'est-à-dire ? coupe Martini. C'est quoi pour vous les éléments dignes d'intérêt ?

– Eh bien pour vous, les preuves d'irrégularités... Moi j'ai un ensemble...

Martini, on le sent, s'impatiente. Ça traîne en longueur. Surtout, ne pas brusquer son interlocuteur. Le laisser progresser à son rythme. Il le sait bien, cela fait partie de la panoplie d'officier traitant, il convient d'éviter d'effaroucher une source potentielle.

Mais Martini a le sang chaud. Et les circonvolutions de son interlocuteur semblent déjà l'agacer.

– Non mais, objectivement, simplement, vous avez un ensemble de faits, quel genre de faits ? Quel genre de données ?

– Eh bien j'ai des données de nature informatique...

– Mais qui retracent quel type d'informations ?

– Justement, tout ce qui est « historisé », par rapport à des transactions bancaires, des numéros de compte...

– D'accord, donc vous avez des données bancaires, des mouvements financiers...

– Voilà.

– Vous avez des noms ? questionne, avide, Martini. Des comptes bancaires ? Vous avez des identités précises...

– Voilà. C'est ça. Ça va jusqu'aux adresses. Tout ce qui est stocké dans le système.

– Mais alors, une question : comment avez-vous pu aller chercher ces informations ? Ne livrez pas de secrets professionnels, mais quand même...

– Mon souci est aussi là, si on se voit, c'est aussi pour que de votre côté on rentre dans les détails de la protection, et aussi de la responsabilité par rapport au fait de divulguer ces données. Donc je ne veux pas prendre de risques excessifs. Je pense en prendre déjà. Ne serait-ce qu'en faisant cette démarche.

– Pour nous c'est le minimum, insiste Martini. Si, pour une raison ou pour une autre, ça risque de vous mettre en danger, l'opération ne se fera pas. Ça, c'est très clair. Mais maintenant, est-ce que c'est normal que vous ayez toutes ces données sans que personne ne s'en rende compte ?

– Juste avant de répondre, je voulais vous dire qu'il y avait aussi une crainte légale dans la démarche, c'est-à-dire que moi je ne sais pas dans quelle mesure, même collaborer avec vous, puisque la Suisse est un État ami jusqu'à preuve du contraire, jusqu'à quel moment je pourrais collaborer sans commettre d'infraction ?

– Alors, dès lors que vous collaborez, et que vous ne le faites pas sous la contrainte, il n'y a pas de limite...

– Donc vous, vous assurez la légalité...

Le terme est lâché. « Légalité ». C'est un gros mot, dans ces zones grises du monde du renseignement. On peut faire sans. On doit faire sans. Ainsi, la DGSE, par essence, est amenée à travailler en dehors des contraintes judiciaires ou légales. Elle fouille les poubelles, place des micros, « neutralise » des cibles, paie des sources, encourage les trahisons... Mais les enquêteurs, eux, qu'ils soient policiers, gendarmes ou fonctionnaires du fisc, sont soumis au Code de procédure pénale ou aux règlements administratifs. Or, utiliser des données volées, dans le domaine judiciaire, cela ne va pas de soi. En France, la justice, au pénal ou au civil, varie d'ailleurs dans ses différentes interprétations. Peut-elle utiliser des listings dérobés, dans un pays ami, à des institutions bancaires présumées respectables ?

Le débat existe.

Et si la Cour de cassation a tranché, c'est uniquement sur le plan pénal. Il demeure une marge d'appréciation, des brèches... Et par ailleurs, que risque celui qui a volé ces informations ?

Al-Chidiack s'interroge.

À Martini de le convaincre.

– Écoutez, il ne pourrait pas en être autrement, lâche calmement Martini, nous sommes des fonctionnaires mandatés dans le cadre d'une mission officielle, il est clair que si c'était illégal on se retrouverait tous au trou.

– Par contre il y a une question qui me turlupine, intervient Jean-Louis. On l'a bien compris, la protection de votre personne, de votre anonymat, ça c'est une évidence, en même temps, je ne sais pas... il y a quelque chose qui... Faut être clair, on est dans le cadre, là, d'une relation qui est informelle, je vais pas vous écrire une convention signée par l'ambassade de France...

– Comme c'est à la limite justement au niveau international, le coupe Al-Chidiack, je voulais savoir quelles implications ça pourrait avoir au niveau légal, procès ou...

– Alors écoutez, vous êtes en France, vous vous adressez à des fonctionnaires français. Maintenant, l'information que vous nous donnez, et encore une fois c'est très clair, si d'une façon légale on ne peut pas l'utiliser, on ne pourra pas l'utiliser. Donc c'est carré.

Al-Chidiack ne paraît pas totalement rassuré. Il s'inquiète à plusieurs reprises des répercussions éventuelles sur sa personne de la divulgation des données. Peut-il être poursuivi en France pour cela ? Risque-t-il la prison ? Les agents de la DNEF ont débité leur discours officiel. Le fisc peut très bien utiliser des données, d'où qu'elles viennent. Il suffit de ne pas en indiquer la provenance, afin de protéger leur informateur. Rien n'oblige Bercy à saisir la justice qui, elle, réclamerait des garanties supplémentaires. Ils les veulent, ces gigaoctets. Ils souhaitent aussi mieux comprendre comment Al-Chidiack a pu les obtenir...

– Vous avez quoi comme formation ? demande Jean-Louis.

– D'ingénieur, à l'origine. Mais bon, maths, physique... Donc étant en contact avec les bases de données, et voyant aussi un certain nombre de négligences, je me suis dit, tiens, mais c'est quand même fort, qu'est-ce qu'il se passerait si telle ou telle chose arrivait, ainsi de suite... C'était par rapport à la confidentialité, pour les clients. Quand on prend conscience qu'il y a des négligences qui peuvent faire que les données peuvent sortir...

– Vous parlez des négligences dans la protection du système informatique ?

– Tout à fait. Après on se prend au jeu. C'est aussi dans le cadre de mon travail, c'est-à-dire qu'on cherche quelquefois à agréger des données pour pouvoir faire des rapports intéressants, et on réalise que finalement, les données qu'on a agrégées, on n'avait pas forcément le droit d'y accéder, d'accord ?

– L'information pour nous elle est simple, dit Jean-Louis. Si nous avons un nom, un numéro de compte, plus deux ou trois mouvements plus le solde d'un compte sur une année non prescrite, à partir des données que nous avons, nous ferons des recoupements pour voir si cela est déjà intégré dans nos bases, si ces personnes sont connues. Si à partir de ces éléments on s'aperçoit que la personne ne déclare aucun compte à l'étranger, là, nous sommes effectivement dans une configuration qui ressemblerait plus à une configuration de fraude fiscale.

– Oui, bon maintenant, on parle d'une banque privée, quoi. C'est-à-dire l'accès à un compte sur une banque privée impose une sélection.

– Bon, monsieur on tourne autour du pot, là, mais comme on parle de la banque, il s'agit bien de HSBC ?

– Oui... Il faut un minimum aujourd'hui je dirais d'un million de francs suisses, pour ouvrir un compte... Ou avoir des relations qui légitiment qu'untel...

– Là où vous me scotchez si j'ose dire, c'est lorsque vous dites « il faut un million de francs suisses », pas d'euros, de francs suisses, pour ouvrir un compte, sous bénéfice qu'on est le fils ou la fille de je sais pas trop qui, etc. Avec les données que vous nous avez passées, j'ai ça en mémoire, 100 000 personnes physiques, 21 000 sociétés, nom d'une pipe, 100 000 personnes physiques, c'est monstrueux !

On sent, presque physiquement, ce mélange d'effroi et d'euphorie qui gagne les agents de la DNEF. Cette histoire, si elle se vérifie, c'est le pactole assuré. Jamais le fisc français n'a été en mesure de pénétrer aussi violemment le système bancaire suisse. Et de récupérer autant d'argent.

Cela implique aussi, forcément, pas mal d'obstacles en vue. Politiques, diplomatiques, judiciaires...

Stressant et excitant.

– Et c'est du monde entier, renchérit Al-Chidiack. Mais aujourd'hui, en capital de gestion, c'est 100 milliards de dollars, le patrimoine correspondant à ces clients c'est 100 milliards de dollars...

– Bon ben oui effectivement, ces données méritent un examen, c'est très clair, euphémise Martini. Alors comment voyez-vous le procédé, puisque vous êtes le technicien ?

– Alors moi je n'ai pas de connaissances pointues en termes de sécurité, de confidentialité, autrement que là. Faut voir déjà comment on va communiquer...

– Comment on peut communiquer de façon confidentielle ?

– Tout à fait.

– Alors nous ne serons pas en mesure de vous répondre aujourd'hui, mais nous mettrons un protocole sécurisé de communication, c'est faisable. Quitte à avoir un téléphone crypté entre vous et nous, quelque chose comme ça.

– Attendez, là il y a une chose qui nous intéresse, dit Jean-Louis, ce serait déjà d'avoir un ou deux os à ronger pour voir quel est le niveau de validité...

– Mais ça ne pourra se faire que lorsqu'on aura mis en place le protocole d'échange sécurisé, relativise Martini.

– Mais enfin s'il avait un nom à nous donner...

– Je n'ai pas l'élément pour déterminer lequel serait intéressant à vos yeux, coupe Al-Chidiack.

– Je ne sais pas, mais une fois de plus si vous me dites que là-dedans il y a des clients qui, pour ouvrir un compte, doivent mettre sur la table 1 million de francs suisses, je dirai qu'à la limite on est assez preneurs de tout nom... Qu'on soit bien d'accord : vous avez bien des données alpha ?, insiste Jean-Louis.

– Mais j'ai les noms, les prénoms, les apparentés, les adresses, domicile fiscal déclaré, ainsi de suite...

– En France aussi ?

– Ben oui.

– En France et aux États-Unis, est-ce que vous auriez ça ?

– Mais oui. [...] Y a des téléphones, y a des professions...

– Impeccable. Bon déjà sur la matière, je crois qu'on peut s'entendre, se félicite Martini.

– Il y a peut-être un domaine qu'on doit vous préciser : l'information, si ça fonctionne normalement on en fera une exploitation, mais on ne vous dira jamais si c'est positif, enfin on vous dira globalement...

– Mais je crois qu'il s'en moque, tranche Martini.

– On ne pourra pas vous dire : oui, nos investigations... Vous voyez ce que je veux dire ? Parce qu'on est tenus à...

– Oui, interrompt Martini, mais je crois que c'est pas son souci à... Rubin ? Ruben, vous dites ?

– Ruben.

– Ruben ? Oui excusez je vous appelle Ruben hein ? C'est pas son souci, hein, je crois qu'il a une démarche idéaliste, parfaite...

– Je sais pas, je pense être assez pragmatique, comme je vous dis euh... Idéaliste, c'est un grand mot... On va voir après, s'il s'avère que c'est intéressant, j'aurai des exigences que vous comprendrez, légitimement...

Inquiétude dans la pièce. Silence pesant.

Instant de vérité.

Si Al-Chidiack réclame de l'argent, en échange de ses bons et vénaux services, alors rien ne pourra se faire. Les lois françaises sont très strictes en la matière même si, aujourd'hui, à Bercy, en toute discrétion, des décrets sont en cours d'élaboration pour donner aux agents du fisc un statut quasi équivalent à leurs collègues des douanes qui peuvent, eux, recruter et rétribuer des indicateurs, les « aviseurs ».

– Des exigences ? reprend Jean-Louis, dont la voix trahit l'appréhension.
– Sur la sécurité, les risques, répond Al-Chidiack.
– On vous l'assure, s'exclame Jean-Louis, soulagé. Ou alors, ça ne se fait pas. On sera carrés sur ce plan-là. Donc y a à mettre en place ce dispositif, le processus, la deuxième chose c'est qu'inévitablement, pour sa mise en œuvre, faudra se revoir une fois, au moins...
– Bien sûr.
– Pas nécessairement ici. Je ne sais pas dans quel périmètre vous pouvez bouger sans trop de problème. Sachant que nous on n'ira pas de l'autre côté, hein.
– Oui vous, vous n'irez pas en Suisse... Il faut que vous, vous me communiquiez maintenant quel critère peut me permettre de sélectionner cet os.
– Alors, très simple. Prenez des notes s'il vous plaît.

Al-Chidiack sort un cahier.

– Alors, si vous pouvez faire un échantillon de sept ou huit personnes...

– T'as raison, parce que sur un, ça va rien nous donner du tout... renchérit Martini.

– Ouais, ouais.

– ... et on risque de se retrouver le nez dans la farine.

– Alors moi, ces éléments-là, je vais éviter de les porter avec moi, avance Al-Chidiack.

– Non. Faut pas les porter.

– Il faut vous les faire parvenir, et ça, faut déjà voir comment...

– Oui, alors, est-ce que vous avez... On peut vous envoyer une clef, une clef USB, dans laquelle on aura intégré, vous savez, le logiciel TrueCrypt, vous connaissez, qui est pas trop mal moi je trouve, hein ? On vous la fait parvenir, ou vous l'achetez ?

– Ben si vous me la fournissez, même maintenant, on est samedi, moi je repars avec...

– Vous pourrez le trouver sur internet, le logiciel, et ça vous pourrez nous l'envoyer, oui, en SMS, rapidement, le code qui nous permet d'accéder à la clef, une fois qu'elle aura été cryptée.

– Donc je vous enverrai, par SMS, le code, et la clef, je vous l'enverrai, comment, par... ?

– Par la poste.

– Postez ça de France ou de n'importe où, assure Jean-Louis.

– Alors il me faut l'adresse.

– À la direction. Chez nous.

– Chez nous, mais moi je veux pas que ça navigue...

– Oui, fous-la à ton nom, dit Martini.

– Faut mettre : D.N.E.F., François Jean-Louis, 6 bis, rue Courtois, C.O.U.R.T.O.I.S., 93695 Pantin, cedex. Vous mettez « à l'attention de »... Vous mettez « personnel ».

– Très bien.

– Si vous voulez aller aux toilettes... Écoutez, on vous remercie... C'est... C'est intéressant.

Vieille technique. On envoie le contact aux toilettes, pour, en deux minutes, en son absence, décider de la stratégie à suivre. En l'occurrence, même si le micro a été coupé à cet instant-là, elle est simple. Pour vérifier la crédibilité du personnage, le duo d'enquêteurs de la DNEF espère obtenir, de manière sécurisée, un échantillon, à savoir quelques noms de fraudeurs. Si ceux-ci correspondent à une réalité bien concrète, alors, très vite, il faudra revoir Al-Chidiack, mais, cette fois, avec la nécessité impérieuse de le convaincre de se dévoiler.

Margaux va pouvoir entrer en scène.

Six mois ont passé depuis ce premier rendez-vous à la frontière franco-suisse.

L'envoi de données s'est relativement bien passé. François Jean-Louis a reçu, dès le 3 juillet 2008, les sept noms promis, cryptés. Souci, le code ne fonctionne pas. Le 7 juillet 2008, Jean-Patrick Martini adresse donc un SMS à sa nouvelle source : « Bonjour. Le code ne fonctionne pas. Me rappeler pour précisions SVP. JPM. » Ruben Al-Chidiack s'exécute. Cette fois, c'est bon. Les premières vérifications « matchent ». Pas de doute, les listings tiennent la route. Roland Veillepeau est convaincu. Le patron de la DNEF adresse un bref compte rendu à sa direction. Il obtient d'acheter tout spécialement un logiciel à 300 000 euros, afin de traiter les futures données, et se fait fort de recruter des experts en informatique afin d'analyser au mieux le listing. Il les repère à l'école des inspecteurs du fisc, pour les muter ensuite dans sa direction.

Tout est prêt.

Reste un problème : obtenir la totalité des noms. Étape diablement délicate. Veillepeau s'en ouvre à la DGSE. Une certitude s'impose : Ruben Al-Chidiack doit dire qui il est vraiment. Impossible de se lancer dans une telle aventure avec un inconnu. Et si Al-Chidiack était manipulé par les Suisses ? S'il n'était qu'un cheval de Troie destiné à mettre les services français dans l'embarras ? Dans l'univers du renseignement, la méfiance est une règle de base. Surtout vis-à-vis de la Suisse, qui n'a aucune envie, en ces temps de fraude fiscale généralisée, de laisser l'étranger piller ses précieux coffres.

Dans un rapport interne, les hommes de la DNEF alertent en ces termes leur chef : « La crainte d'une possible tentative de manipulation par les services helvétiques ou une banque suisse, surtout au lendemain de l'affaire du Liechtenstein, et l'ignorance des véritables motivations de la source ont conduit à suspendre un temps les relations avec l'informateur, d'autant plus que sa véritable identité demeurait inconnue. » Il faut en savoir plus. Sortir de l'impasse.

Les services spéciaux sont là pour ça.

La DGSE décide de mettre à la disposition de la DNEF l'un de ses meilleurs agents, expert en psychologie, donc en manipulation de source.

Margaux.

Le 2 décembre 2008, Al-Chidiack reçoit un nouvel SMS : « Bonjour Ruben. Nous souhaitons vous rencontrer le samedi 6 décembre à Saint-Julien. » C'est la dernière ville française avant d'entrer sur le territoire helvétique.

Le second rendez-vous est donc calé au 6 décembre 2008. Il reste difficile de joindre Al-Chidiack. Il a pris ses précautions, quand même. Il ne téléphone qu'avec un mobile, acheté en juin 2008 à un supporteur inconnu, lors de l'Euro de football qui a lieu, cette année-là, en Autriche et en Suisse.

Une chambre d'hôtel. Un froid très alpin. Cette fois, ils sont trois à faire face à l'énigmatique Ruben Al-Chidiack. Le duo Martini/Jean-Louis est désormais renforcé par la très attendue Margaux. L'espionne réussira-t-elle là où les deux agents du fisc ont échoué ?

Même dispositif, la conversation est enregistrée, à l'insu de la source potentielle, tandis que plusieurs agents gardent la porte. Là encore, nous restituons les meilleurs passages de cet étonnant dialogue, à partir de l'enregistrement. Comment avons-nous pu écouter ce document audio ? À chacun de l'imaginer... Les sources sont nombreuses.

Mais tout est rigoureusement exact.

– Quoi de neuf depuis le mois de juin ? attaque Jean-Louis, en mode urbain.

– Je suis toujours disponible, à vous de me dire...

– On a examiné les éléments que vous nous avez donnés, on vous a dit que ça présentait une apparence intéressante pour nous... Il faudrait qu'on en ait plus, comment on peut faire ?

– Mon intérêt c'est pas de vous distiller, la seule intention que j'aurai c'est de savoir ce que vous allez en faire... C'est pour vous, dit Al-Chidiack. Je ne tiens pas à être impliqué.

– Vous ne voulez pas voir votre nom apparaître...

– Oui.

– Moins les personnes savent sur quoi on enquête, mieux c'est pour nous, esquisse Margaux, qui entre en scène. Ça garde une certaine confidentialité. Comme dans tout service un peu discret, si il y a des retombées médiatiques c'est plutôt mauvais pour nous, car cela nous oblige à rendre des comptes à des instances médiatiques, ça nous met des bâtons dans les roues. Moins c'est su, mieux c'est pour nous.

– Je comprends votre discours, opine Al-Chidiack.

– On veut faire le point avec vous, reprend Margaux. Garantir que les modalités de notre relation vont être claires pour vous comme pour nous, on est dans deux pays différents, vous êtes en Suisse, nous en France. Vous êtes le seul garant de votre sécurité, et votre formation, votre premier métier, ce n'est pas cela. Il faut qu'on définisse ensemble le protocole de sécurité, comme des éléments de procédure d'urgence si quelque chose d'inquiétant vous tombe dessus, ça peut arriver.

– Je ne m'inquiète pas trop sur ce que je peux encourir au quotidien. Je suis dans une démarche plus optimiste, comment obtenir de façon *secure* les informations, comment vous allez les exploiter... Dans ma démarche, c'était de révéler des choses qui ne sont pas légitimes ou souhaitables, même si j'en bénéficie. Quand j'ai commencé à travailler, je ne pensais pas favoriser d'activités délictueuses.

– Vous vouliez mettre à la lumière du jour quelque chose qui se trame... résume Margaux.

– Oui, le système a des failles.

Il est maintenant temps pour Margaux d'avancer ses pions. De tâter le terrain. Elle doit ressortir de cette pièce avec une impression favorable – ou pas.

Et, si possible, un nom.

La véritable identité d'Al-Chidiack.

– Habituellement, dit-elle, on se base sur un esprit de collaboration, on ne prend pas les gens comme des salades, « on essore les gens et on les lâche ». On fonctionne de la manière la plus discrète possible, et qu'il y ait le moins de retombées possible sur nous et les personnes avec qui l'on travaille. Et cette base elle n'est possible que si on joue cartes sur table les uns avec les autres. On vous apprendrait des procédures de sécurité qui sont des techniques éprouvées adaptées à un terrain spécifique qui est le vôtre en Suisse ; et que vous avez à contacter des gens en France, avec un réseau de transmission bien particulier. On a besoin de savoir à qui on parle. On a des éléments sur qui vous êtes, sur la fonction que vous occupez, très parcellaires. Pour qualifier la qualité des informations que vous possédez, on a besoin qu'il n'y ait pas d'opacité entre vous et nous. Vous savez qui on est, quel est notre objectif, on a besoin de savoir qui vous êtes, en quoi consiste votre travail, quelles sont vos motivations...

– Ça vous choque ? interrompt Jean-Louis, à l'adresse d'Al-Chidiack.

– Il me faut plus de détails sur les conséquences que cela va entraîner, répond ce dernier.

– Si nous savons qui vous êtes, intervient Martini, on aura une confiance totale dans les informations que vous nous donnez, nous saurons les employer sans que l'on ne mette jamais en cause votre sécurité.

– Je fais ça, je ne vais pas décliner les risques qui sont les vôtres. Je suis là pour qu'on avance au plus vite.

– Les informations vont parler, reprend Margaux. Mais il y a aussi la sécurité qu'on doit vous garantir. Si on ne sait pas qui vous êtes, comment vous joindre ? Si par un autre canal, car vous n'êtes pas la seule personne que l'on connaisse chez HSBC, on apprend que des bruits circulent, et qu'on n'ait pas la possibilité de vous joindre pour vous dire « vous prenez trois mois de vacances avec nous »...

– Je n'ai pas de risques autres que trente-six mois de prison...

– Nous ça nous emmerderait quand même !!! assène Jean-Louis. L'objectif est d'ébranler un système et d'y laisser le moins de plumes possible, voire pas de plumes du tout. On se dit : il est plein de volonté, on prend ses informations et puis... On ne peut pas agir comme ça, on est aussi dans la boucle.

– Il me reste le choix des risques, déclare Al-Chidiack.

– Si ça ne vous inquiète pas de passer trente-six mois en prison, nous ça ne nous laisse pas indifférents, intervient Margaux. Va y avoir procès, un avocat vous dira « mettez ça sur la table », ça mettra quelque chose en lumière qui ne doit pas avoir vocation à l'être...

– L'objet du délit, les informations, elles sont en sécurité à l'étranger, la dernière limite que je m'étais donnée, c'était notre rencontre, je me suis sécurisé, elles sont en Italie.

– Vous avez arrêté le *make up* d'informations ?

– À un moment donné, j'ai fait. Puis j'ai arrêté.

– 2007 ?

– Début février 2008. L'ensemble du fichier.

– Vous seriez prêt à nous donner de plus amples informations ? Avec les dix que vous nous avez données on n'ira pas loin...

– Remettre en cause le mode de fonctionnement, l'opacité de la banque suisse.

– Vous souhaitez que ces informations aient un certain retentissement, demande Jean-Louis, et que l'on puisse éventuellement remonter jusqu'à vous ? Vous pouvez être dans l'œil du cyclone.

– Moi j'ai les meilleures notations, les meilleures promotions. Je ne veux pas que ça tombe dans un carton, par rapport à la technicité, au niveau des moyens en place.

À ce point de la discussion, qui tourne parfois au dialogue de sourds, une évidence : Al-Chidiack souhaite des garanties d'exploitation. Et ne répond jamais directement lorsqu'il lui est demandé d'avancer démasqué. Il semble assez détaché des risques judiciaires. Ce qui n'est pas du tout le cas de ses interlocuteurs. Cette opération doit rester confidentielle. Absolument. Sinon, c'est le scandale assuré.

Deux services secrets français s'alliant pour récupérer les fichiers clients d'une institution bancaire, dans un pays ami, parfaitement démocratique, données volées qui plus est... Il y a là tous les ingrédients d'un sérieux incident diplomatique. Raison de plus pour limiter au maximum les risques d'erreurs. Et donc convaincre Al-Chidiack de se dévoiler.

Margaux repart à la charge.

– Vous avez deux personnes responsables de la DNEF dans cette pièce, explique-t-elle. Je m'occupe de la gestion des contacts, ce n'est pas tous les jours que deux personnes hiérarchiquement responsables de la DNEF vont gérer un contact, ce ne sont pas deux inspecteurs. Si on s'est déplacés et qu'on caille depuis hier, c'est que l'on pressent une valeur ajoutée extrême. L'objet de notre entretien est que vous puissiez être convaincu, vous allez être une sorte d'enquêteur externalisé.

– Vous n'avez pas d'autre motivation que la transparence, en clair, vous n'exigez pas de contrepartie financière ? interroge, un peu gêné, Jean-Louis.

– Vous êtes des négociants ? Vous achetez ? réplique Al-Chidiack, agacé.

Choqué.

Peut-être joue-t-il la comédie. Quoi qu'il en soit, sa réaction est plutôt encourageante. Il ne veut pas d'argent.

– Non, répond Jean-Louis. La direction des impôts ne rémunère pas d'informations, mais nous avons le devoir de savoir si ce n'est pas une motivation. Ça ne me choque pas que quelqu'un me le dise. Au moins le contrat potentiel est clair, on connaît la motivation.

– Vous avez des informations de haut niveau et de grande importance avec des incidences très fortes, dit Martini.

– J'aurais pu négocier...

– On n'en parle plus c'est clair, il faut appeler un chat un chat.

– Votre objectif, reprend Margaux, c'est d'ébranler un mode de fonctionnement, et vous souhaitez savoir aujourd'hui jusqu'où on est prêts à aller. On ne fait pas n'importe quoi. Tout ce qu'on fait doit être légal. Si on part du principe qu'une procédure judiciaire se met en place contre HSBC, il faut que vous soyez sûr que la façon de récupérer ces informations par votre biais ne peut pas figurer sur une procédure judiciaire. Les risques que vous prenez encourent des sanctions si vous êtes pris la main dans le sac.

– Trente-six mois et 50 000 francs d'amende...

Manifestement, Al-Chidiack s'est renseigné. Il sait ce qu'il risque. Mais côté services secrets, la problématique est très différente. D'abord, encore une fois, il leur faut obtenir le vrai nom de leur interlocuteur. Ils savent surtout que, s'ils entrent en possession des données, ils vont être confrontés à un gros souci. À un moment ou un autre, la justice française enclenchera des procédures, si Bercy le souhaite, et il faudra bien expliquer alors la provenance des listings de détenteurs de comptes. Donc, il conviendra de « légaliser » très discrètement le modus operandi en cours, « blanchir » l'opération, quitte à mentir aux Suisses. La DGSE ne devra jamais être citée, Margaux encore moins, et si Al-Chidiack peut demeurer le secret le mieux gardé de Bercy, ce sera tout bénéfice. Toutes les méthodes sont bonnes dans ce cas.

C'est ce que va tenter de faire comprendre Margaux à son déconcertant interlocuteur dans la suite de la conversation, des propos susceptibles de scandaliser – mais aussi de conforter – les avocats de HSBC, leurs clients comme les autorités suisses, les uns et les autres n'ayant de cesse, depuis plus de six ans, d'affirmer que les listings ont été récupérés de manière parfaitement illégale par la France.

– Si nous faisons figurer dans une procédure le fait que nous avons eu un contact avec quelqu'un en interne qui a pris un risque, explique donc doctement Margaux, notre procédure est caduque, le mode de récupération des informations en soi peut faire l'objet d'une rupture de procédure par n'importe quel avocat. Il va y avoir un travail d'extraction des infos et il va falloir qu'on se creuse les méninges pour faire en sorte d'arriver à récupérer ces informations mais par un biais légal. Faire entrer en ligne de compte tout un tas d'intermédiaires, empiler des éléments, qui figureront sur une procédure de façon légale. Votre ego va en prendre un coup, mais il faut qu'on vous oublie.

– Mon ego est ailleurs, la rassure Al-Chidiack.

– On doit tout faire pour qu'il n'y ait aucune présomption que ces informations nous les ayons obtenues par le biais par lequel nous sommes en train de les obtenir.

– Je souris car je suis...

– Soulagé...

– Je ne suis pas inquiet, j'entrevois votre démarche.

– Quand on commence à travailler avec des sujets tels que la réglementation bancaire, on ne peut pas partir de rien, dit Margaux. Les dispositions légales sont indispensables pour aller au bout. Si un juge est dans la boucle la procédure va aboutir. Votre valeur ajoutée est dans ce que vous nous donnez au départ, vous êtes le GPS, une fois qu'on a le plan, on démarre et le GPS indique où il faut aller, il reste dans la voiture, avec nous. À aucun moment on ne signalera qu'il était avec nous de A à Z. Ça me rassure de voir qu'on n'a pas affaire à quelqu'un qui veut satisfaire un ego en jouant les Kerviel, cette démarche-là est à l'encontre de la démarche dans laquelle on va être. À aucun moment vous ne pourrez vous glorifier devant un tribunal. C'est notre devoir de vous le dire aujourd'hui...

Margaux avait raison, sur le principe. La référence à Jérôme Kerviel, l'ancien trader de la Société générale, qui faillit ruiner sa banque avant de revêtir un costume de Robin des Bois de la finance, était encore plus pertinente qu'elle l'imaginait à l'époque.

Mais l'histoire ne se déroulera pas tout à fait comme Margaux l'avait souhaité.

– J'ai un problème plus concret, dit Al-Chidiack, je n'ai pas envie que ces informations s'abîment et qu'elles ne soient plus exploitables.

– Je vais parler crûment, lâche Jean-Louis. Les informations, vous les avez de manière illégitime, et en nous les redonnant, nous sommes receleurs d'informations illégitimes.

– Je crois qu'il le sait, coupe Martini. Comment on peut avoir ces informations ?

– Il y a des *back up* sur des DVD qui se trouvent dans un autre pays. Il s'agit d'acheminer ces serveurs vers vos services et voir comment vous allez pouvoir travailler dessus. Ce sera mis sous forme de base de données relationnelle, il faudra les monter, corréler. Il y a un montage des données.

– Nous avons les moyens de faire ça. Vous allez nous éclairer sur ces points-là. Le reste, c'est nous qui le ferons. Vous n'avez pas à faire tout le travail.

– Le moins d'efforts vous faites, le mieux c'est pour nous, sourit Margaux. Pour que vous fassiez le moins d'efforts possible, il faut que vous nous disiez : « Voilà, pour décrypter, vous avez besoin de tel type de logiciel. Pour faire un gâteau au chocolat, vous allez avoir besoin de tel ingrédient, tel ingrédient... » Après, c'est à nous de nous débrouiller pour faire un bon gâteau au chocolat.

– Je vais jouer les méchants, sur deux choses, reprend Jean-Louis, dans son rôle de responsable hiérarchique de l'opération. Vous n'avez pas besoin de vous faire exfiltrer de Suisse ? Ce n'est pas trop notre métier... Je vous propose...

– C'est quoi mon intérêt ? Vous êtes aussi agence de voyages ? s'irrite Al-Chidiack. Vous achetez et vous relogez ?

– Si le client est sympa et si la mariée est belle, s'amuse Margaux, qui tente de faire baisser la tension ambiante. La problématique supplémentaire que ces deux messieurs ont, et que moi je n'ai pas, c'est de gérer d'éventuels risques qui se sont déjà présentés dans des affaires avant. Moi, je suis focalisée sur le contact qu'on a aujourd'hui, eux ont plus en tête les risques qui se sont déjà produits sur des contacts avec des personnes moins bien intentionnées que vous et qui avaient des objectifs cachés en fantasmant tout un tas de possibilités qu'un service d'État pourrait avoir à sa disposition. On n'est pas les douanes, pas un service de visa. Pas un service de contre-espionnage.

Mais Al-Chidiack n'a en réalité aucune envie de se faire exfiltrer de Suisse. Son discours semble parfaitement cohérent. Il veut ébranler un édifice bancaire. Secouer les fondations d'un système de triche généralisée.

Donc, ses révélations, c'est son vœu, doivent avoir un impact, éventuellement médiatique.

Mais ses interlocuteurs du jour peuvent-ils le lui garantir ?

– À partir du moment où il y a la possibilité de judiciariser l'affaire, et qu'il y a une enquête fiscale, il ne serait pas tout à fait illogique que quelqu'un puisse s'intéresser à cette affaire-là, plus la montagne est grosse, plus elle attire l'attention, lui répond Margaux : On n'est pas des journalistes, notre but c'est de récupérer l'information. On ne peut pas vous garantir que dans huit mois ça fera la une du *Monde* ou que ça passera en boucle sur CNN...

Des propos qui prennent rétrospectivement une certaine saveur puisque, quelques années plus tard, cette histoire fera effectivement la une du *Monde* avant d'être reprise par les plus grandes chaînes d'information de la planète !

– Lancer une opération de lobbying, enchaîne Margaux, c'est plus notre boulot. Le lobbying ne sera possible que si les éléments sur lesquels on aura travaillé sont pertinents, fiables et incassables dans une procédure. Plus le dossier est sexy, plus il donne envie d'être lu.

Margaux marque un léger temps d'arrêt, puis en vient au point essentiel à ses yeux, quitte à rudoyer un peu son interlocuteur.

– Il y a quelque chose qui me gêne depuis une demi-heure, lâche-t-elle. Si on veut être sûr que les choses se passent, il faut qu'on sache qui est qui, qui veut quoi et dans quel but. J'ai l'impression qu'à toutes ces questions qui émergent vous relevez le sourcil en disant : « Vous êtes des négociants, etc. »

– Ce n'est pas avec hauteur que je prends les choses, réplique Al-Chidiack.

– Ça m'embête un peu, à partir du moment où on sait à qui on a affaire, on ne pose plus de questions qui n'ont plus rien à voir avec la choucroute, insiste Margaux. Quel est l'intérêt à vous cacher derrière un faux nom ou à ne pas donner un numéro de téléphone sur lequel on pourrait vous joindre ? Est-ce qu'on ne pourrait pas revisiter ces conditions que vous avez décidées vous, de votre côté, au profit de conditions de sécurité qui seraient aussi efficaces, qui vous garantiraient une confidentialité à laquelle on participerait ? On peut vous garantir une ligne sécurisée, pas sur écoute, pas piratée… Une ligne ou un portable totalement *clean* et dont la provenance a été clairement définie et nettoyée par le soin des services de sécurité. La deuxième chose, ce serait de revenir sur les procédures de sécurité élémentaire, le moyen de vous rencontrer de façon urgente.

– On ne va pas pouvoir fonctionner avec des rendez-vous espacés de six mois, renchérit Jean-Louis. Elle est têtue mais elle a raison.

– Je ne cherche pas à avoir raison mais… on a besoin de vous alerter si ça sent un peu le pâté, continue Margaux. On traite avec une information sensible, on ne peut pas être amateur, la question c'est d'anticiper tous les cas non conformes. C'est pas qu'on vous fait pas confiance, là on est dans une chambre d'hôtel et y a pas de risques, mais vous n'êtes pas à l'abri d'avoir un entretien avec une personne de la sécurité qui va avoir des suspicions sur vous.

– On a chacun nos a priori, lâche Al-Chidiack. Moi, pas de cadavre, pas de coupable.

– C'est pas si simple.

– Je suis plutôt têtu, rétorque Al-Chidiack. C'est moi qui suis demandeur. Je comprends que vous puissiez rompre parce que c'est risqué pour vous. Mais je ne m'attends pas à ce que vous puissiez rompre parce que c'est risqué pour moi.

– On n'est pas dans un conflit d'intérêts où il y a un camp et un deuxième camp, argumente encore Margaux. À partir du moment où l'on rentre dans ce genre de relation, les deux sont liés. On met à plat toutes les raisons de douter de la confiance de l'un et de l'autre et on essaie de voir. La base de cette collaboration, c'est de savoir avec qui on travaille de façon à pouvoir anticiper les risques. Les risques, ce serait de dire : la DNEF est en relation avec un personnel de telle banque, et ça va éveiller l'attention des services de sécurité bancaire, et le truc monte beaucoup plus rapidement que vous pouvez l'imaginer. Dans une forme de petite clandestinité, si nous on ne sait pas qui vous êtes, le nom de votre supérieur hiérarchique...

– Bref organiser un système professionnel. Vous êtes un professionnel, vous le savez, flatte Martini.

– On n'est pas des détectives privés, conclut Margaux. Le but du jeu, c'est de faire quelque chose qui ressemble à une collaboration et pas un bricolage. Vos critères ne sont pas les nôtres, j'ai l'impression qu'on est un peu dans une impasse.

Comme au poker, la comportementaliste de la DGSE abat ses cartes. L'homme est rétif, il répond systématiquement de manière vague, allusive. Il maîtrise l'art de l'esquive à merveille. En fait de gros poisson, Margaux a le sentiment d'avoir une anguille entre les mains. Il faut absolument dissiper le brouillard, le convaincre de sortir du flou.

– On est dans une relation où il y a des risques liés à des modes de fonctionnement qui sont à la frontière de la légalité, assure Margaux. Vous récupérez des informations de façon illégale et vous nous les transmettez de façon illégale, il y a un risque, et pour l'institution et pour vous. Ce risque n'est pas qu'un journaliste donne votre nom, le risque c'est qu'une personne de votre entourage puisse faire le lien entre des rumeurs, un article, et vous. Ça va beaucoup plus rapidement que ce qu'on peut imaginer.

– Cela ferait capoter complètement notre affaire, intervient Martini. Ça serait de dire que notre institution travaille illégalement.

– On ne peut pas s'engager sur un terrain qui est à la frontière de la légalité sans être convaincus de la personne qui est en face de nous, ajoute encore Margaux. Je peux vous donner un dernier exemple, Ruben : on ne connaît pas votre passé, on ne connaît pas d'où vous venez. Si par exemple on apprend demain que vous avez commis un délit, ou que vous avez travaillé avec telle personne qu'on connaît bien – des éléments d'environnement classiques, « banaloïdes » à votre regard –, ce sont des éléments qui vont nous permettre de revisiter cette collaboration. Je suis en train de dire que, pour qu'on parte de façon *clean*, il faut qu'on soit certains de notre côté de savoir à qui on a affaire.

Un blanc.

Mais toujours pas de réponse précise. Ruben Al-Chidiack ne bouge pas d'un iota de la ligne qu'il semble s'être fixée. Il reste impavide, inébranlable. Insondable.

– Je propose qu'on aille déjeuner, finit par dire Martini.

Margaux et les trois hommes quittent donc, après une heure quarante de discussions quasi stériles, la chambre d'hôtel. Retentit la sonnerie de la très complotiste série télévisée *24 heures chrono* : c'est le téléphone portable de Jean-Patrick Martini. Peut-être Margaux pense-t-elle à ce moment précis que l'agent spécial Jack Bauer aurait su faire parler Ruben Al-Chidiack. Mais ses méthodes sont un peu trop expéditives pour les services français.

La petite assemblée se dirige vers un restaurant voisin où quatre couverts ont été réservés. Al-Chidiack se rend aux toilettes. Les trois membres des services n'attendaient que ça. Ils peuvent alors s'exprimer en toute liberté. Le micro est encore branché. Bientôt, Martini ira le retirer, dans les toilettes également, où il le passera à un comparse. Margaux et ses deux collègues de la DNEF en conviennent : le problème demeure entier, après deux rencontres.

Al-Chidiack demeure mystérieux, lointain, les méandres de son cerveau restent impénétrables.

– Tu sais, lance Martini à Jean-Louis, même s'il ne veut pas donner son identité, tant pis, l'essentiel c'est qu'on récupère le matériel. Visiblement, il a une fixette.

– Il va falloir qu'on accélère le *process*, abonde Jean-Louis.

Margaux ne partage pas cet avis. Pas du tout.

– Tant qu'on sait pas qui c'est, merde, je suis pas d'accord avec vous là, on ne peut pas prendre ce risque !

– On va pas s'en sortir, proteste Martini. S'il nous la donne la base de données, moi après…

Ce jour-là, il n'y aura nul échange de données. Et Al-Chidiack, toujours aussi déterminé à avancer masqué, ne se risquera pas plus en terrain découvert.

Margaux est contrariée. Cet Al-Chidiack est encore plus coriace que prévu. Mais la comportementaliste de la DGSE n'a en fait pas perdu son temps. À force d'insister, elle aura forcé la source potentielle à évoluer. Surtout, elle a pu discerner les motivations de l'homme, même si elle ignore encore beaucoup de choses de lui. Il semble animé d'intentions réellement désintéressées. Elle le ressent, en fera part à sa hiérarchie. D'ailleurs, dans un rapport interne – une note « blanche », c'est-à-dire non signée – les agents de la DNEF résument ainsi la situation, le 6 janvier 2009 : « Cette rencontre a cependant permis de mieux cerner la personnalité de l'informateur, et de tenter d'y voir plus clair dans ses motivations et sa démarche de "chevalier blanc", qui veut aider à lutter contre la fraude fiscale dont il est témoin. »

Margaux aura permis cela. Son concours se révélera décisif, in fine.

Martini confirmera aux gendarmes, en septembre 2013, l'extrême utilité de son intervention au cours de cette dernière entrevue avec Al-Chidiack : « Lors de notre première rencontre, j'étais réservé et j'avais du mal à cerner sa personnalité. La seconde fois je suis venu avec un psychologue [Margaux] et j'ai compris qu'il disposait de renseignements sérieux. Il était clair qu'il ne voulait pas d'argent. »

Quant à Al-Chidiack, il sait, au sortir de ce second entretien, qu'il ne pourra camper éternellement sur ses positions, si floues. Aucun service ne travaillera avec lui s'il demeure dissimulé derrière une identité d'emprunt. Margaux l'a convaincu : paradoxalement, s'il veut jouer les « Zorro de la finance », il devra tomber le masque.

Ce 6 décembre 2008, le processus est donc lancé.

Dans dix-huit jours très exactement, à l'immense satisfaction de Margaux et de ses deux compères de la DNEF, Ruben Al-Chidiack va sortir de la pénombre, révéler ses secrets.

Et sa réelle identité.

La pénombre, la place naturelle d'un agent secret, Margaux va la regagner, dès le début de l'année 2009. Elle va être affectée à d'autres missions, boulevard Mortier, mais continuer à suivre, évidemment, les rebondissements de cette affaire qui lui doit tant. C'est frustrant, bien sûr, de ne pouvoir accompagner une histoire que l'on a initiée.

Mais cela fait partie de son job.

Elle a signé pour cela, aussi, pour cette incroyable variété de situations à démêler. Elle disparaît, ensuite, dès qu'elle a apporté ses précieuses compétences.

De fait, on n'a plus jamais entendu parler d'elle.

Mais de Ruben Al-Chidiack, si.

II

L'informaticien

Ambiance très tendue dans les locaux de la brigade de recherches de la gendarmerie de Menton (Alpes-Maritimes). Un homme est en garde à vue, ce 20 janvier 2009, en fin d'après-midi. Il affronte quatre enquêteurs. Il est pâle, fatigué. Cheveux courts, taille moyenne, une gueule de play-boy au lendemain d'une soirée un peu trop arrosée. Il se recroqueville sur sa chaise.

Clairement, il serait mieux ailleurs.

Sont présents la procureure Laurence Boillat, le commissaire François Perrenoud et l'inspecteur Philippe Morard, tous trois de nationalité suisse. Ils sont à l'affût. Nerveux. Ils ont fait le déplacement depuis Berne et comptent bien rentrer chez eux avec des éléments concrets. Leur mission, c'est de rapatrier sur le territoire helvétique des listings vraiment trop sensibles pour être confiés aux Français – et à qui que ce soit, d'ailleurs.

Mais ils ne disent mot.

Pour des raisons juridiques, la seule habilitée à poser les questions, c'est une enquêtrice française, l'adjudante Patricia Warion en l'occurrence. Elle ne sait rien de ce qui se trame. Simple sous-officier de la gendarmerie locale, elle vient de mettre les pieds dans une affaire d'État.

– Pour quelle raison avez-vous utilisé le faux nom de Ruben Al-Chidiack ? interroge la gendarme.

– Par discrétion, répond l'homme.

– Êtes-vous actuellement en possession d'une base de données obtenues dans le cadre de votre activité professionnelle auprès de HSBC ?

– ...

– Dans les ordinateurs que vous avez saisis se trouvent des données...

– ...

– Qui est le dénommé Jean-Patrick Martini ?

– Je ne veux pas répondre...

Cet homme, si mutique, s'appelle Hervé Falciani. Alias Ruben Al-Chidiack, donc. Un mois plus tôt, il négociait avec les services secrets français la livraison des identités de dizaines de milliers de fraudeurs répertoriés au sein de la banque privée HSBC Private Bank, à Genève. Sans jamais vouloir se dévoiler. Là, il n'a plus le choix.

Il s'est passé tant de choses, durant ces dernières semaines...

Quelques jours pour décider du cours d'une vie. Pour glisser violemment d'un statut d'obscur informaticien, dragueur de piscine et flambeur au poker, à celui très en vue, quoique nettement plus dangereux, de lanceur d'alerte, d'icône internationale et de pourfendeur de la finance mondialisée.

Stupéfiant destin.

Nous avons rencontré longuement, et à de multiples reprises, Hervé Falciani. Et nous ne pouvons pourtant pas assurer le connaître. Un jour, dans le cabinet de son avocat, Me William Bourdon, il nous a juré, avec une force de conviction désarmante, qu'il ne mentait pas. Jamais. Que sa démarche était sincère, de A à Z. C'était peu après la révélation de SwissLeaks dans *Le Monde*, et un article dans lequel nous avions largement écorné le mythe Falciani. « Je sais que vous ne croyez pas à ma version, d'ailleurs vous me l'avez toujours dit. Je vous respecte pour cela et ne vous en veux pas du tout, mais un jour, je vous ferai changer d'avis, vous verrez, vous serez contraints de reconnaître votre erreur », nous avait-il lancé, à la fois magnanime et provocateur.

Mais entre son discours, souvent incompréhensible, toujours filandreux, et ses actes, ou même les témoignages de ses proches, il y a parfois comme un abîme. Parfaitement décrit par Me Bourdon, dans la préface du livre de son client (Hervé Falciani, *Séisme sur la planète finance*, La Découverte, avril 2015).

L'informaticien y narre ses aventures, et personne ne peut attester de leur totale véracité. Mais William Bourdon a ces quelques mots : « Certains diront que la trajectoire d'Hervé Falciani n'est pas d'une pureté d'Évangile. Mais au nom de quoi devrait-on exiger d'un citoyen qui a servi l'intérêt général avec autant de bravoure une absolue “transparence”, niant la complexité, voire les parts d'obscurité, propres à tout être humain ? »

Oui, il faut accepter la complexité et les parts d'ombre d'Hervé Falciani.

Rien n'empêche, pour autant, de s'en tenir aux faits.

Eux ne mentent jamais.

Placé en garde à vue, ce mardi 20 janvier 2009, Hervé Falciani est donc très ennuyé. Que peut-il dire de ses relations avec la DNEF ? Il craint la justice suisse, à juste titre, puisque celle-ci a lancé un mandat d'arrêt européen le visant. Le ministère public de la confédération est en état d'alerte bancaire maximale. Depuis le 29 mai 2008, Laurence Boillat enquête dans la plus grande discrétion sur Hervé Falciani, le suspectant dès cette date d'avoir dérobé des listings internes à HSBC.

Le 22 décembre 2008, à la demande de la procureure Boillat, la justice suisse l'a interpellé, puis relâché, comptant sur sa coopération. Las, dès le lendemain, le suspect s'est enfui, avec femme et enfant, gagnant la France. Dans le Sud, à Castellar plus précisément, où ses parents possèdent une résidence. Le 9 janvier 2009, la Suisse, comprenant sa bévue, réclame d'urgence l'entraide judiciaire de la France. Elle veut à tout prix récupérer les données volées. Elle pressent un tsunami, qui ne sera pas seulement financier. Bien vu.

Le 20 janvier 2009, Falciani est donc interpellé, sur ordre du parquet de Nice, qui agit à la demande des autorités judiciaires helvétiques. Deux de ses ordinateurs et un carnet de notes sont saisis.

Et le voilà placé en garde à vue.

Les enquêteurs suisses ignorent ce qui se passe, en coulisses, du côté des services secrets français. Ils suspectent une intense activité souterraine, mais laquelle ? Chacun avance ses pions... Drôle de partie d'échecs.

Ou plutôt de poker menteur, discipline dans laquelle Falciani excelle.

La DNEF n'est pas restée inactive, ce serait mal la connaître. Et mésestimer, surtout, le réseau relationnel patiemment tissé par ses chefs. De son point de vue, cette garde à vue est extrêmement gênante. Si les Suisses venaient à repartir avec l'intégralité des données ? Et si, en plus, le rôle joué par le fisc français venait à être connu ? Une perspective qui effraie les responsables de la DNEF, car l'échec fiscal se doublerait d'un scandale politico-diplomatique. Et des têtes tomberaient, inévitablement.

Il faut toujours un responsable.

En aparté, dans les locaux de la gendarmerie, à l'insu des autorités helvétiques, Falciani a eu le temps de confier à un gendarme français quelques pans de son histoire officieuse et de révéler ses liens avec Martini, le maître-espion de la DNEF. Le gendarme s'en ouvre immédiatement à Olivier Caracotch, vice-procureur au parquet de Nice, lequel, dès 16 heures ce 20 janvier 2009, parvient à entrer en contact avec François Jean-Louis. Le secrétaire général de la DNEF confirme les dires de Falciani, rapportés par le gendarme, et se montre très clair : il n'est pas du tout dans l'intérêt de la France de fournir aux trois enquêteurs suisses les listings récupérés auprès de Falciani. Une heure plus tard, la décision est prise par le parquet de Nice et communiquée à la DNEF : ces données resteront en France.

De son côté, on ne sait jamais, la DNEF a alerté les grands patrons de la gendarmerie française. En l'occurrence le général David Galtier, qui dépêche en extrême urgence un colonel à Menton. Ce dernier tâte le terrain. Il vaut mieux maîtriser l'enquête judiciaire française.

Dans une note blanche du 20 janvier 2009, la DNEF écrit ceci : « Selon ce colonel, les policiers helvètes se sont déplacés notamment pour "évaluer les dégâts". Le vice-procureur a demandé à la gendarmerie de Menton de lui apporter les saisies et scellés, cette situation confirmant que le magistrat n'entend pas donner les saisies aux policiers suisses. » Le capitaine Laurent Calbo, de la Direction générale de la gendarmerie, vient aussi aux nouvelles, sur ordre. Il adresse un mail au capitaine Jean Pawlak, basé à Nice : « La DNEF a entendu dire que les Suisses avaient interrogé le parquet de Nice au sujet de la DNEF, ses activités... Peux-tu te renseigner ? » Les espions de Bercy entendent bien rester dans l'ombre.

L'incendie judiciaire est finalement circonscrit. Avec la très active complicité du procureur Éric de Montgolfier, en poste à Nice, qui a reniflé la bonne affaire.

La justice française va pouvoir exploiter les données, les services techniques de la gendarmerie ont même proposé leur expertise. Et, surtout, la DNEF peut continuer son travail dans la plus grande discrétion. Car, on va le voir, le fisc, bien avant la justice française, a pu mettre la main sur les fameux listings informatiques.

Falciani a été particulièrement bien traité durant sa nuit passée en garde à vue, dans les locaux de la gendarmerie. Une cellule VIP. Il a même eu droit aux croissants, le matin du 21 janvier 2009, accompagnés de ce petit mot : « Avec les compliments de la DNEF. » Il bénéficie aussi gratuitement des services d'un avocat niçois, recommandé par la DNEF : Me Patrick Rizzo, proche des services secrets, vieille connaissance de Martini et de Jean-Louis, intime du général David Galtier, responsable de l'action judiciaire de la gendarmerie, et, enfin, en très bons termes avec le procureur de Montgolfier. On le voit, tout est mis en œuvre côté français pour faire échec aux initiatives suisses. 180,6 milliards d'euros sont en jeu, mais ça, les autorités françaises ne le savent pas encore.

Pourquoi un tel luxe d'attentions envers un informaticien un peu lascar, pas très crédible dans ses explications, en outre ?

Il existe une bonne raison, bien sûr. C'est l'« opération Chocolat ». On ne sait dans quel esprit un peu fatigué a germé cette dénomination évidemment liée au délicieux produit national suisse, mais une chose est certaine : l'« opération Chocolat », décrétée au plus haut niveau, va permettre de soustraire 107 000 identités de fraudeurs potentiels au système bancaire suisse. Jusqu'alors en effet, le fisc français, on s'en souvient, ne détenait que sept patronymes de contribuables indélicats fournis en juillet 2008 par Falciani-Al-Chidiack.

C'est le 22 décembre 2008 que tout a basculé, avec l'arrestation de l'informaticien par la justice suisse.

Grossière erreur des enquêteurs helvétiques, très naïfs sur le coup, l'homme est donc relâché, contre la promesse d'honorer une prochaine convocation. Dans la foulée, il loue un véhicule à l'agence Mobility de Genève, et prend la route. Il laisse la voiture à l'aéroport de Nice. Deux jours plus tard, le 24 décembre 2008, désormais réfugié en France, il utilise le téléphone de sa mère pour recontacter Martini. Très précisément à 9 h 52. Et là, il dévoile enfin sa véritable identité. Hervé Falciani. Né le 9 janvier 1972, de nationalité franco-italienne. Il dit accepter sans condition de livrer ses précieuses données au fisc français.

Inespéré cadeau de Noël pour la France.

Le rendez-vous est pris. La remise a lieu à l'aéroport de Nice, deux jours plus tard, le 26 décembre.

Ce jour-là, cinq DVD changent de propriétaire. Une équipe de la DNEF a fait spécialement le déplacement depuis Paris. La rencontre est filmée : les caméras de surveillance de l'aéroport ont été réquisitionnées. Il s'agit d'authentifier la remise des documents. Immédiatement, la DNEF met en branle son dispositif. Une chambre d'hôtel est louée à Nice. Atmosphère curieuse sur la promenade des Anglais : les agents de la DNEF déjouent de mystérieuses filatures, ils sont même pris en chasse par la police municipale... Des informaticiens de la DNEF descendent sur la Côte d'Azur et travaillent jour et nuit avec Falciani pour décrypter les données. Il promet de leur fournir deux DVD contenant des outils informatiques efficaces, afin d'aller encore plus vite dans ce laborieux travail de reconstitution. Les premiers noms de personnalités, fraudeurs supposés ou patentés, font leur apparition et excitent les imaginations des enquêteurs : le tennisman Henri Leconte, les footballeurs champions du monde Christian Karembeu ou Christophe Dugarry, les grandes familles aux patronymes prestigieux...

À ce stade, bien sûr, rien ne permet d'affirmer que ces personnes ont bien tenté de frauder le fisc. Sans compter que l'on ne peut exclure une manipulation, un éventuel trucage des listings...

Thibaut Lestrade est l'un de ces experts débauchés par la DNEF pour analyser les listings Falciani. Il a raconté à l'automne 2013 au juge Renaud Van Ruymbeke son intervention : « J'ai essayé de mieux comprendre l'information, d'effectuer tout un travail informatique. L'aide de Falciani a été très utile car les données étaient très complexes. Il fallait comprendre les codes, c'était un travail de fourmi. Je pense que les données ont été prises de façon brute, de telle sorte qu'on a tout. Je ne sais pas comment il a collecté ces informations. Il ne suffisait pas d'appuyer sur un bouton... »

Non, Lestrade a raison, il ne suffisait pas d'appuyer sur un bouton, c'était beaucoup plus compliqué que ça. À la mesure d'un Falciani, être complexe et multiple, à peu près aussi indéchiffrable que ses données...

Opportuniste en diable, en tout cas.

Voici son histoire. Et donc celle des listings.

Rien ne prédestinait Hervé Falciani à se trouver ainsi placé en garde à vue, en janvier 2009, coincé entre les services secrets français, la justice suisse et les autorités politiques des deux pays. Il n'est rien, ou pas grand-chose, à ses débuts. Une mère coiffeuse. Un père, Italien, employé de banque. Falciani fils, déjà, est joueur dans l'âme. Il y a à peine vingt ans qu'il travaille pour un casino, dans le secteur de la sécurité. À Monte-Carlo. Il y a pire endroit pour débuter dans la vie. Ceux et celles qui le fréquentent alors décrivent un type sympathique, gentiment hâbleur, au physique avantageux.

Il fréquente les gars de la Côte, quelques anciens flics, des gredins rangés des voitures, aussi. Bref, cette faune qui arpente les casinos. Il a des compétences en informatique. En vérité, il maîtrise parfaitement les arcanes des langages technologiques, il s'exprime un peu comme cela, d'ailleurs. Discours abscons, esprit conceptuel, raisonnements tortueux… Il se fait des relations, perfectionne sa maîtrise du langage informatique, tant et si bien qu'il est embauché par la filiale monégasque de HSBC. Là-bas, dès 2001, Falciani intervient sur le « Content Manager », un module IBM, qui centralise tous les documents liés à la clientèle. Il est ensuite affecté à la mise en œuvre du Customer Relationship Management (CRM), véritable interface entre le client et le gestionnaire de compte, mais aussi mémoire informatique des opérations liées aux comptes. Falciani est « quelqu'un de très technique, toujours à la pointe des nouveautés », se souvient sa responsable, Brigitte Vignon.

De fait, Falciani, dont les compétences n'ont pas échappé à ses patrons, est débauché le 14 mars 2006 par HSBC PB Genève, où il officiait épisodiquement depuis octobre 2005. L'ancien croupier s'ennuie un peu à Genève. Marié deux fois, père d'une petite fille, à nouveau au bord du divorce, il se trouve des dérivatifs au bord du lac Léman. À la piscine de Carouge, son charme fait des ravages. Son bagout aussi. Il convainc par exemple une séduisante jeune femme, Doina, qu'il s'est séparé de sa femme et élève seul sa petite fille, autiste – son enfant est de fait née avec un handicap. Il y aussi Myriam, étudiante en philo, sur laquelle il a « flashé » lors d'un tournoi de poker. Là encore, elle a droit à une version assez romancée de la vie du don juan franco-italien. En fait, il semble cloisonner sa vie privée comme le ferait un espion… Devant les enquêteurs suisses, les jeunes femmes, conscientes de s'être fait balader, qualifieront clairement Falciani de « manipulateur ».

Manipulateur, et tombeur.

Car il vit aussi à cette époque une idylle avec Georgina Mikhael, une franco-libanaise de trente et un ans également employée de HSBC PB. Une petite brunette au sourire ravageur. Elle aussi tombe sous le charme de Falciani, en décembre 2006. Autour d'une table de poker, bien sûr. Les femmes. Les cartes. Une double addiction qui n'échappe pas à ses collègues. « Hervé Falciani avait une boulimie de relations féminines au sein de la banque », raconte Roland Vezza, cadre dirigeant de la banque.

C'est pourtant à cet homme, accro au jeu, menteur et instable sur le plan sentimental, que l'une des plus puissantes banques mondiales privées va confier ses données les plus confidentielles. Oui, c'est bien à ce personnage trouble qu'ont été remises les clefs de la salle des coffres virtuels. Enfin, disons qu'il a été placé dans de telles conditions professionnelles qu'il lui a été possible d'y accéder... Car, simple « développeur », Hervé Falciani n'avait pas, en théorie, accès aux informations relatives aux clients de HSBC.

Il jouait le rôle du « pompier », d'après son collègue Florent Donini : « Hervé était en charge, seul, de la construction de la base de données CRM. » Une immense responsabilité.

Un travail fastidieux, astreignant : il s'agit de transférer les données de l'ancien système informatique (SIFIC), dans lequel sont recensés tous les détails concernant les clients de HSBC, vers le nouvel instrument, ce fameux CRM.

C'est à ce moment-là, courant 2006, que Falciani aurait décelé une faille dans le système informatique, suite à un incident durant lequel les listings HSBC n'auraient plus été protégés par le cryptage.

« Toutes les migrations se passent le week-end. La première partie de migration s'est faite en 2006 », selon Jean-Claude Brodard, directeur de la logistique de la banque. Et il ajoute : « Il est possible d'extraire des données à partir des CRM pour les exporter sur un outil de type Excel. » Florent Donini abonde : « Hervé a vu des données de production non cryptées, le déploiement dure quatre à cinq heures, nous voyons défiler des données, nous pouvons faire des copies d'écran. » Pour les enquêteurs, c'est bien à ce moment-là que Falciani a eu accès à toutes les données de la banque.

Jérôme Charlot, chef de projet chez HSBC, explique : « Falciani ne finissait jamais le travail. Je ne le voyais pas très professionnel. Il aimait l'informatique pour l'informatique. » Quant aux fameuses données, « il devait les supprimer, une fois l'intégration terminée ». C'est évidemment tout l'inverse qui s'est produit. Pour Jérôme Charlot, « l'anonymisation de la table "personnes" n'a peut-être pas fonctionné correctement au moment du transfert entre la production et le développement, et Hervé a pu alors télécharger cette table à partir de son environnement de test ». Roland Vezza assure quant à lui : « Falciani était techniquement relativement brillant mais humainement, il était manipulateur. » Voire « mythomane », ajoute-t-il.

Ennuyeux, vu le poste qu'il occupe... Surtout que Falciani se sent de moins en moins épanoui dans son travail. Il est vexé de constater que la banque a choisi un autre modèle de CRM que celui qu'il préconisait. Il a « très mal réagi », c'était son « bébé », confirme Brigitte Vignon, responsable des opérations. Pour ne rien arranger, voilà qu'on lui refuse ensuite un poste à la sécurité...

Le 15 décembre 2014, dans les colonnes du *Monde*, Hervé Falciani livrera une version différente. En se montrant, fidèle à son habitude, extrêmement vague sur le processus de récupération des fichiers clients. « De fait, j'ai volé des données », admet-il. Mais c'est pour assurer aussitôt obéir depuis l'origine à de seules motivations éthiques, et jurer, contre toute vraisemblance, avoir bénéficié de complicités en interne : « Je n'avais pas autorité pour accéder à des données opérationnelles, mais je travaillais sur tous les projets sensibles, en contact avec les gens de la banque, ils me disaient : "Tu sais, il y a ça qui se passe", c'est comme ça que j'ai pu avoir accès à ces données, par ces intermédiaires. La plupart des intermédiaires qui m'ont aidé sont passés entre les gouttes. Chacun va mettre à disposition ses données sur un *cloud*, je vais m'assurer qu'il y a une cohérence. »

Dans son livre, Falciani va même plus loin : « Ce n'était pas moi qui devais prélever les données dans le fichier de la banque et les enregistrer dans un *cloud*, mais d'autres employés de HSBC. »

Voilà qui est important.

Désormais, Falciani se réfugie donc derrière l'existence d'un « réseau ». C'est cette prétendue organisation qui l'aurait recruté, dès son entrée chez HSBC, avant de pirater les données ! À l'en croire, ils seraient ainsi « une dizaine à être actifs à l'intérieur de la banque ». Sans compter ceux œuvrant à l'extérieur : « Certains journalistes [...], des agents de la police, des douanes... »

Et c'est un service secret, a priori la CIA, qui aurait mis tout cela en branle...

Dans son ouvrage, Falciani ne se prive pas, pour faire bonne mesure, de raconter quelques épisodes pour le moins rocambolesques dont bien sûr personne, faute à chaque fois de témoins, ne peut assurer qu'ils aient jamais existé : ce « vrai-faux » enlèvement organisé par ses amis du mystérieux « réseau », par exemple, ou ces comprimés empoisonnés que ces camarades lui auraient confiés, afin de les « ingérer dans des situations éventuellement trop dangereuses »...

Cette lecture de l'affaire laisse, c'est un euphémisme, dubitatif.

La justice helvétique, décidée à faire traduire Falciani devant un tribunal fédéral, n'est pas la moins sceptique. La confédération a certes intérêt à décrédibiliser l'informaticien. Il n'empêche, sur ce point, elle s'appuie sur de nombreux éléments factuels incontestables. Par exemple les déclarations contradictoires de Falciani. Devant les gendarmes français en janvier 2009, Falciani va ainsi assurer que ses données ont été obtenues par « *data web mining* et par l'intermédiaire de *back up* [sauvegardes] qu'[il] avai[t] faites dans le cadre de [s]on activité naturelle professionnelle ». Il n'est alors question ni d'éventuels complices, ni de motivations déontologiques.

Seule certitude : au début de l'année 2008, Falciani détient des millions de données supersensibles. Se pose la question de leur utilisation. On le sait, aujourd'hui vêtu du prestigieux costume de « lanceur d'alerte », Falciani clame avoir agi de manière totalement désintéressée depuis le départ. Il aurait été un pur idéaliste, déterminé à mettre au jour les malversations d'un géant bancaire. C'est sans doute vrai aujourd'hui. Mais cela ne l'a pas toujours été, à l'évidence.

Il faut toujours se méfier des femmes blessées. C'est Georgina Mikhael qui lâche le morceau, dès le 22 décembre 2008, devant les enquêteurs suisses : « Peu de temps après le début de notre relation, Hervé Falciani m'a dit qu'il possédait une base de données qu'il voulait monnayer, afin de disposer d'argent à donner à son épouse dans le cadre du divorce qu'il envisageait [...]. Il m'a menacée de faire du mal à moi et à ma famille si je parlais à quelqu'un de l'histoire des données. »

En cette fin d'année 2008, le duo Falciani-Mikhael s'était déjà brouillé. Leurs échanges par SMS, sur Skype, saisis dans le cadre de l'enquête, rappellent qu'au début de l'aventure ils poursuivaient bien le même but : faire fructifier l'incroyable découverte de l'informaticien.

« T'as pêché ? », lui demande en mars 2007 la jeune femme, qui se fait appeler Palomino. Elle veut savoir s'il a mis la main sur de nouvelles données. « Trois mois d'update pour address, person », répond Falciani, dans son jargon bien à lui. « Et tu ne t'es pas [fait] chopé [sic] ? » s'inquiète Mikhael. « Manque pour l'instant *accounts* [montants] », réplique simplement l'informaticien. « Il faut faire attention baby », l'avertit la franco-libanaise.

Elle n'a pas tort. Le couple va entrer sur un terrain très mouvant. L'idée, à en croire Georgina, est de tirer le maximum d'argent des listings dérobés à la banque. Reste à trouver des acheteurs... Dès juin 2007, ils avaient effectué une première tentative, comme le racontera le 15 février 2015 le journal suisse *Le Matin* : « C'est le 17 juin que les deux amants tentent pour la première fois de vendre leur butin. Georgina envoie un e-mail à Yaser Bakr, patron de Direct Marketings Services à Jeddah, Arabie saoudite. Depuis l'adresse whitepalomino@hotmail.com, elle propose au Saoudien des données financières de clients classés par pays. Et elle fixe un prix : 1 000 dollars par client. Rien que pour les informations des 812 Saoudiens contenus dans son offre, Bakr aurait dû débourser pas loin d'un million de dollars. »

Mais le Saoudien ne donne pas suite. Le couple ne se décourage pas et décide de mettre le cap, début 2008, sur le Liban. Le duo y séjourne du 2 au 9 février

2008. « Aller au Liban va me permettre de solliciter un système d'alertes », prétend aujourd'hui Falciani.

Curieux.

N'aurait-il pas été plus simple, s'il s'agissait de dénoncer les activités suspectes de HSBC, de s'en ouvrir tout simplement à la justice suisse ? Falciani affirme par ailleurs avoir alerté sa hiérarchie. Mais aucun responsable de la banque n'a gardé cela en mémoire...

Une fois à Beyrouth, le couple, désireux de minimiser les risques, imagine un stratagème : Hervé Falciani utilisera un faux nom.

Il s'appellera donc Ruben Al-Chidiack. Georgina enregistre même tout spécialement une société à Hong Kong, Palorva (pour « PALOmino », son cheval fétiche, « heRVé » et « georginA »). Un site internet palorva.com est lancé, et des cartes de visite sont imprimées au nom de Georgina Mikhael, qui elle agit à visage découvert.

Falciani tient, lui, à rester dans l'anonymat. Il se fait passer pour le responsable commercial de la société Palorva auprès des quatre banques contactées à Beyrouth, parmi lesquelles figurent la Byblos Bank ou la Société générale.

Son frère, Philippe Falciani, est mis dans la confidence, Hervé lui fait miroiter un obscur « projet data ». Philippe Falciani résumera crûment devant les enquêteurs l'objectif de son frère : « Il voulait gagner de l'argent avec son projet. »

À chaque rendez-vous, Falciani reproduit le même mode opératoire. Il présente sa fausse carte de visite puis fait défiler sur l'écran de son MacBook les listings clients de HSBC Genève, sous les yeux interloqués du banquier qui lui fait face. « La banque intéressée devait payer un montant que j'ignore pour l'achat de la banque de données », racontera Georgina Mikhael en décembre 2008. Pour justifier le fait d'avoir en sa possession ces informations, « Hervé parlait d'interceptions de fax », explique la jeune femme. Des télécopies prétendument interceptées dans le « deep web »...

Questionnée une nouvelle fois en 2010, elle réitérera ses accusations : « Hervé Falciani montrait aux banques une liste énorme de profils clients avec des noms cryptés. » Le tout, dans un unique but, donc : « Vendre ce produit et faire du business. »

Contestée par Hervé Falciani, la version de Georgina Mikhael a été totalement corroborée par les enquêteurs, qui s'appuient notamment sur les témoignages convergents des banquiers libanais. Jacques Aouad, de BNP Paribas Beyrouth, se rappelle ainsi « deux personnes qui avaient pris rendez-vous », et avaient demandé si son « établissement était intéressé pour acquérir des renseignements ». Samira Harb, de la banque Audi, a aussi reçu le couple, le 4 février 2008 précisément. Elle se souvient très bien d'Al-Chidiack : « Il m'avait dit qu'il avait des listes à me vendre [...]. Elles contenaient des noms et adresses [...] des numéros de comptes et des positions. Il m'avait expliqué qu'il détenait ces données en interceptant des fax. »

Pas de chance pour le duo, la banquière est originaire de Saint-Gall, en Suisse, et détecte immédiatement le côté invraisemblable de l'histoire contée par Falciani. Ces fax interceptés dans le web profond, cette femme de quarante-sept ans très expérimentée n'y a pas cru une seconde… Après réflexion, elle décidera d'alerter l'Association suisse des banquiers sur le fait qu'un certain Ruben Al-Chidiack tente de monnayer des fichiers dérobés à Genève…

Cela paraît évident : le scénario défendu par Falciani est intenable. L'informaticien est d'autant moins crédible que ses déclarations évoluent, fluctuent, se contredisent… Le 20 janvier 2009, on l'a vu, il explique aux gendarmes français qu'il avait « pour projet de faire réaliser un logiciel de data mining […] Pour créer ce programme il me fallait un financement ».

D'où ce déplacement au Liban.

Puis il déclare ceci au juge Renaud Van Ruymbeke, en juillet 2013 : « Mon seul objectif était de déclencher une alerte dans une banque libanaise, filiale d'une banque suisse, afin que celle-ci répercute cette alerte au parquet fédéral suisse […] pour mettre fin à l'opacité organisée chez HSBC. » Voilà déjà deux versions. Incompatibles l'une comme l'autre avec celle de Georgina Mikhael, des banquiers libanais et des enquêteurs suisses et français…

Même si son orgueil l'empêche de le reconnaître, il ne semble donc pas faire de doute qu'Hervé Falciani a bien tenté, au début en tout cas, de monnayer son trésor. Mais il paraît tout aussi évident qu'après ce voyage au Liban, un fiasco total, il a compris qu'il lui serait difficile de vendre ses données.

Le brigand informatique va se muer en discret informateur puis en authentique lanceur d'alerte.

Changeant de stratégie à son retour de Beyrouth, Falciani commence en effet à envoyer des messages incitatifs aux services secrets britanniques et allemands. Par exemple, ce mail expédié le 18 mars 2008 à « sosfa-action@fco.gov.uk », adresse d'une agence d'État anglaise : « J'ai la liste complète des clients de l'une des cinq plus grandes banques privées [...]. Cette banque est basée en Suisse [...]. Je garantis aussi l'accès au système informatique » (voir l'annexe 2).

Il faut avoir en tête le contexte : un employé de la banque LGT au Liechtenstein vient de revendre au fisc allemand, moyennant 5 millions d'euros, une liste de fraudeurs, de taille beaucoup plus modeste que celle dont dispose Falciani. Les services fiscaux britanniques ont eux-mêmes acheté le listing, avant de transmettre à leurs homologues français plusieurs centaines de noms de contribuables, discrets propriétaires de fondations au sein de la Liechtenstein Global Trust (LGT).

Hervé Falciani, en s'adressant aux services allemands, espérait-il seulement soulager sa conscience, comme il le soutient aujourd'hui, ou obtenir un dédommagement financier ? Les deux, peut-être...

Quoi qu'il en soit, même s'il n'en est probablement pas à l'initiative, l'un de ses objectifs (proclamé) de départ, à savoir alerter les autorités suisses, est atteint dès le 20 mars 2008. C'est ce jour-là que la responsable de la banque Audi de Beyrouth prévient l'association suisse des banquiers du drôle de manège auquel se livre le dénommé Ruben Al-Chidiack.

Tout va alors s'accélérer.

Falciani a mis en branle un mécanisme infernal, précipitant une multitude d'événements aux conséquences imprévisibles qui, même s'il feindra plus tard d'en avoir été l'organisateur, vont totalement le dépasser. Il n'est pas le seul. Les autorités helvétiques vont elles-mêmes, involontairement, semer les germes d'un scandale qu'elles auraient tant voulu éviter…

Dès le 29 mai 2008, le Ministère public de la confédération (MPC) ouvre une procédure. Affirmer que l'enquête est prise au sérieux serait très en deçà de la réalité : elle est tout simplement décrétée priorité nationale !

Déflorer le secret bancaire, en Suisse, c'est attenter à la sécurité de l'État.

Des écoutes sont immédiatement déclenchées. Elles permettent d'apprendre que Georgina Mikhael est en lien permanent avec un certain Hervé Falciani, salarié comme elle de la HSBC Private Bank, à Genève. Entre le 23 février et le 30 juillet 2008, Mlle Mikhael a été en contact plus de 500 fois avec le numéro de téléphone portable attribué à son collègue. Les enquêteurs suisses se frottent les mains : le principal suspect a été promptement identifié, on va pouvoir mettre la main sur les données qu'il a dérobées. Reste simplement à consolider la procédure avant de cueillir les deux lascars.

Mais le 17 décembre 2008, c'est la panique, ils découvrent, toujours grâce aux écoutes téléphoniques, que Georgina Mikhael est sur le départ. Elle a l'intention de rendre son appartement, le 26 décembre. A-t-elle appris quelque chose ? Dans tous les cas, pas question de prendre le risque de la laisser s'enfuir du territoire : elle est interpellée le 22 décembre. Dès son premier interrogatoire, elle « balance » Falciani. Les bureaux des deux employés de la HSBC font l'objet d'une perquisition, tandis que Falciani est brièvement interrogé, une première fois, par les enquêteurs helvétiques. Ce sera aussi la dernière. Falciani ne lâche rien. Il parvient surtout à convaincre les policiers et la procureure fédérale Laurence Boillat de le laisser rentrer chez lui, ce 22 décembre au soir. Il ne peut quand même pas laisser sa petite fille autiste seule, juste avant Noël... Laurence Boillat le laisse repartir, s'il accepte de se présenter au siège de la police cantonale le lendemain matin, 23 décembre, à 9 h 30 très précisément.

On connaît la suite.

Ni la justice ni la police suisses ne reverront plus jamais Hervé Falciani, qui s'enfonce dans la nuit genevoise, sur sa trottinette, afin de regagner une dernière fois son domicile puis, dans la foulée, de s'enfuir vers la France...

Le joueur de poker a réussi le meilleur coup de bluff de sa carrière. Il a évité de justesse d'être arrêté puis emprisonné en Suisse. Il parviendra même, grâce à Bercy, à se faire salarier par un organisme parapublic, l'Institut national de recherches en informatique et automatismes (INRIA).

Hervé Falciani a finalement atteint son but et effectué sa mue.

Il est parvenu à se réinventer une destinée. Il n'est certes pas du calibre d'un Edward Snowden, cet autre informaticien, désormais réfugié en Russie, qui a dénoncé les turpitudes de la NSA (National security agency). Lui n'avait rien à gagner, juste beaucoup d'ennuis. Américain, il savait que la justice de son pays le traquerait sans relâche pour avoir dévoilé au *Guardian* les turpitudes de l'agence de renseignement.

Falciani, pour sa part, est très latin, au fond, il n'est pas d'un seul tenant, tout son parcours le prouve. Il est réservé et rigolard, disponible et fuyant... Un oxymore à lui tout seul. Il a volé des données privées, tenté de les revendre, il a manipulé, menti, triché, fui, dénoncé, révélé, coopéré... C'est un être multiple, et même après des dizaines d'heures d'entretiens avec lui, tenter de le cerner relève de la gageure. Il arborait fièrement perruques, fausses lunettes et autres postiches lors d'une comparution devant la justice espagnole au printemps 2013, comme si se camoufler était une seconde nature chez lui.

En fait, personne ne connaît son vrai visage – sans doute parce qu'il en a trop.

Il se vit en exilé permanent. Et flirte maintenant avec les partis de la gauche extrême, en Espagne. Parfois, il dégaine son petit ordinateur portable, dont il ne se sépare jamais, et exhibe des schémas, des arborescences. On n'y comprend pas grand-chose... Puis il repart, toujours cet énigmatique sourire aux lèvres, nimbé d'une sorte de douceur apparente, juché sur une paire de rollers.

Depuis que son nom a été rendu public, il est devenu une célébrité, collaborant avec plusieurs magistrats européens, courant les plateaux de télévision, multipliant les entretiens avec des journalistes du monde entier. Paradant à « On n'est pas couché », sur France 2, touchant et distant. *So french*. Il est devenu LE lanceur d'alerte français. Son flegmatisme n'est qu'apparent.

Il ne s'appartient plus.

Il dit pointer au chômage, désormais. Attendre l'hypothétique création d'un véritable statut de « lanceur d'alerte ». Il a écrit ce drôle de livre, dans lequel il revisite sa propre histoire, rapportée de manière plus romancée que romanesque...

Après tout, qu'importent ses motivations. Il voulait être celui qui sape les fondations du système, il l'avait laissé entendre à Margaux, Martini et compagnie, quand il n'était alors qu'un inconnu nommé Al-Chidiack. Il a réussi. Il a récupéré son nom, aujourd'hui.

Et ses listings lui servent de passeport. De sauf-conduit.

Ils sont devenus l'objet d'une foire d'empoigne à travers le monde.

Une lutte à mort, politique, diplomatique.

Certains y ont laissé une part de leur âme, d'autres ont perdu leur travail. Sacrifiés sur l'autel de l'argent.

Falciani demeurera, peut-être à jamais, la plus belle prise de la Direction nationale des enquêtes fiscales. Celui, aussi, à l'origine – très involontairement – de la chute d'un grand fonctionnaire de l'État. Car ses données, il a bien fallu les collecter, les transformer, les éditer. C'est la DNEF qui s'y est collée.

Pouvait-on laisser en liberté non surveillée un individu tel que Veillepeau, patron de la DNEF, connu pour son sale caractère, le genre de bonhomme à faire du zèle ?

Non, bien sûr. Pas en France.

III

L'agent du fisc

Ça ne lui arrive pas très souvent. Mais en ce printemps 2009, Roland Veillepeau a fini par prendre quelques jours de congé, profitant de la trêve pascale. Grand voyageur, amoureux des civilisations, il est parti en Chine, avec sa femme. Ses enfants sont grands, ils font leur vie.

On le remarque facilement, là-bas. Imposante carrure de paysan mayennais, cheveux gris coupés court. Des pognes énormes. Une bedaine qui trahit l'amateur de bonne chère. Un regard perçant, inquisiteur.

Son téléphone portable ne passe pas très bien dans ces contrées lointaines. Tant pis.

Le début de l'année a été violent, à la Direction nationale d'enquêtes fiscales, dont il est le directeur. Il a lancé l'« opération Chocolat ». Les données Falciani ont été récupérées, puis décryptées, enfin légalisées.

Grâce à lui, la France va certainement récupérer quelques milliards évaporés du côté du lac Léman...

C'est bon, il peut décompresser.

Au retour d'une expédition, son téléphone retrouve le signal. Des dizaines de messages l'attendent. Curieux. Il rappelle son supérieur hiérarchique, à Bercy, le responsable des « RH ».

Brève conversation. « Tu vas être nommé à Melun, conservateur des hypothèques. Désolé. J'obéis aux ordres. »

Voilà. Simple comme un coup de fil. Veillepeau est débarqué.

Durant le trajet retour, entre Pékin et Roissy, il a tout le temps de réfléchir, ressasser, ruminer. Que s'est-il passé ? À qui a-t-il déplu ? Quel impair a-t-il commis, encore ? Ce n'est pas un patron foncièrement onctueux, ses manières abruptes passent très mal avec les syndicats, en particulier la CGT. Et sa manie du secret, sa propension à s'entourer de proches, les Martini, les Jean-Louis, avec qui il ne rechigne pas à partager quelques repas arrosés, irrite en haut lieu. Il n'a pas vraiment les manières de Bercy.

C'est un contrôleur à l'ancienne, un tireur d'élite.

Mais la DNEF, quand on en prend la direction, c'est pour y rester cinq ans, au moins. C'est dans les usages, une règle non écrite. Pour l'heure, il atteint à peine les dix-huit mois d'exercice ! Alors, dans cet avion, à force de se triturer les méninges, il ne voit qu'une explication.

L'« opération Chocolat » a dérangé les hautes sphères. Veillepeau, à vrai dire, n'est pas vraiment surpris. À la limite, les ennuis auraient même dû surgir avant.

Il se souvient.

28 décembre 2007. Il est nommé à la tête de la DNEF. Un superbe outil. Trois directions interrégionales, huit adjoints sous ses ordres. C'est l'aboutissement d'une carrière. Veillepeau a grimpé méthodiquement les échelons. Tous. Il a cinquante-huit ans, 420 personnes à diriger. Son truc, sa marotte, c'est le contrôle fiscal. Depuis toujours.

Il a commencé comme inspecteur. Dirigé très vite des services. S'est fait remarquer par son activisme.

À tel point que le voilà, en 1993, propulsé à Londres, comme attaché fiscal. Dans la capitale britannique, il se spécialise dans la traque des exilés fiscaux, et oriente tout particulièrement ses recherches en direction des îles Anglo-Normandes comme Jersey, ou l'île de Man. C'est lors de ce séjour de cinq ans qu'il apprend à maîtriser la langue anglaise, avec un fort accent *frenchy* tout de même, et, surtout, qu'il fait la connaissance d'un autre enquêteur de premier ordre, anglais celui-ci. Un ami, avec qui il festoie dans les bons restaurants de Londres, et qui lui sera très utile quelques années plus tard...

Il revient en France, fréquente plusieurs directions régionales. Se fâche avec quelques collègues. Jusqu'au jour où Bruno Parent, alors directeur général des impôts, en pleine préparation de la fusion avec la Direction générale de la comptabilité publique, le convoque dans son bureau. Il lui propose de prendre la tête de la DNEF. Et le prévient : « Vous serez assis sur un baril de nitroglycérine... » La DNEF fait du renseignement fiscal, détecte les mécanismes de fraude, et mène toutes sortes d'opérations de recherches en vue de contrôles. Elle peut même organiser des perquisitions, en présence d'officiers de police judiciaire.

Ce sont les espions de Bercy.

Évidemment, Veillepeau accepte le défi. Ce poste ne se refuse pas. C'est exactement ce qu'il souhaite, l'occasion de mettre en pratique ses envies. Dès son arrivée à Pantin (Seine-Saint-Denis), dans les locaux de la DNEF, à l'ombre du périphérique parisien, il décide d'une stratégie. Sachant qu'il devra répondre à des demandes individuelles, souvent d'ordre politique, émanant du pouvoir, il exige d'emblée que ces instructions soient écrites. Très étonnamment, les interventions cessent vite...

Veillepeau a marqué son territoire. Il est temps de se mettre au boulot.

En avril 2008, l'ami britannique se manifeste. Le copain des soirées londoniennes a été destinataire d'un drôle de courriel émanant d'un certain Ruben Al-Chidiack. Cet ami travaille désormais au sein du National Criminal Intelligence Service (NCIS). Cet organisme, dépendant directement du 10 Downing Street, produit du renseignement sur les organisations criminelles portant atteinte aux intérêts de la Grande-Bretagne. Le courriel a donc été transmis logiquement au NCIS, puisque le dénommé Al-Chidiack promet de livrer les données bancaires de tous les clients de l'une des plus grandes banques privées mondiales. Les Anglais sont gênés aux entournures, embringués dans une autre affaire fiscale liée au Liechtenstein. Donc, assez curieusement il faut quand même bien le reconnaître, ils refilent le bébé et ses 107 000 fraudeurs potentiels aux services français.

De toute façon, là n'est pas le souci de Veillepeau, tant pis pour les Anglais, lui la sent bien, l'affaire, d'autant que la police judiciaire française, à Nanterre, a reçu exactement le même message.

Donc, il convient d'aller voir cet Al-Chidiack.

Il désigne un homme pour cette mission délicate : Jean-Patrick Martini, le chef de sa cellule des affaires particulières, chargée d'une centaine de dossiers sensibles. La Direction générale de la sécurité extérieure (DGSE) est mise dans la boucle, et les premiers contacts sont établis, comme le relate le premier chapitre de cet ouvrage.

L'« opération Chocolat » est lancée.

À Veillepeau de gérer ses répercussions au sommet de l'État. Le 4 avril 2008, Nicolas Sarkozy se déplace à Bercy. Il est président de la République, mais il connaît parfaitement la maison pour avoir été ministre du Budget, de 1993 à 1995, puis ministre de l'Économie en 2004. Il a nommé à la tête du contrôle fiscal un proche, en tout cas un homme dont il ne doute ni de l'efficacité ni de la loyauté : Jean-Louis Gautier. Cet homme, extrêmement discret, a été chargé de mission dans son cabinet, en 1993. Et si Sarkozy a bien une qualité développée à l'extrême, c'est de savoir repérer les bons éléments. Parce qu'ils travailleront bien. Et qu'ils lui seront utiles tout au long de son parcours politique.

Or, le contrôle fiscal est une arme politique, en France. Une arme létale, qui a si souvent servi à briser des carrières. Nicolas Sarkozy le sait mieux que personne. Les chiraquiens l'ont toujours soupçonné d'avoir aiguillé les services fiscaux, en 1994, sur la piste des fausses factures susceptibles d'impliquer Jacques Chirac, alors rival d'Édouard Balladur (dont Sarkozy était le poulain).

Il lui faut donc un homme sûr à ce poste. Quand il arrive à Bercy, le 4 avril 2008, où il vient superviser la fusion des services et la mise en œuvre de la révision générale des politiques publiques (RGPP), Sarkozy salue ostensiblement un homme, devant toute la salle emplie de directeurs : c'est Jean-Louis Gautier.

Le message est limpide.

Philippe Parini devient directeur général des finances publiques, et Jean-Marc Fenet directeur de la fiscalité. Ces deux-là ont plutôt vocation à rendre des comptes à Éric Woerth, nommé ministre du Budget. Cette répartition des tâches a son importance. Nous avons tenté, pour les besoins de cet ouvrage, mais aussi pour nos enquêtes parues dans *Le Monde*, de questionner MM. Fenet, Parini ou Gautier. Sans succès. Bercy nous a également opposé une fin de non-recevoir.

Roland Veillepeau, présent ce 4 avril 2008 à Bercy, a vite compris le système sarkozyste. Jean-Louis Gautier est en lien direct avec Claude Guéant, omnipotent et omniscient secrétaire général de l'Élysée. Cette présidence sarkozyste s'enorgueillit de savoir tout sur tout. Pour Nicolas Sarkozy, il n'est pas question de découvrir telle ou telle enquête dans la presse. Il sait, pour en avoir usé, la force du renseignement obtenu en amont. Il a été formé à l'école Pasqua, c'est tout dire.

Le bureau de Claude Guéant, en ces temps de reprise en main politique, est l'endroit où convergent toutes les informations importantes, à charge pour le dévoué préfet de distiller dans l'oreille du président de la République les anecdotes les plus croustillantes, les confidences les plus intéressantes... À charge, aussi, pour Claude Guéant, d'utiliser ces éléments le cas échéant.

Roland Veillepeau entre dans cette équation subtile, mais à un degré largement inférieur. Lui, c'est juste un subordonné. Indocile, certes. Mais un exécutant. Fier de ses origines. Dans son bureau, ainsi, il n'hésite pas à clamer son amour immodéré de la Bretagne en arborant un drapeau régionaliste.

L'« opération Chocolat », en décembre 2008, se poursuit. Sans encombre. Et pour cause : Al-Chidiack-Falciani, à cette époque, n'a encore rien donné aux services fiscaux. Une deuxième rencontre est programmée le 6 décembre 2008 avec l'informateur. Décisive. Veillepeau a transmis des consignes strictes : « C'est la dernière fois qu'on le voit », dit-il à Martini. Il a des principes : ne jamais payer une information, ne jamais traiter avec une source anonyme.

Les Suisses commettent alors leur grosse boulette en relâchant Falciani, juste après l'avoir arrêté. Dire, rétrospectivement, que l'affaire HSBC n'aurait peut-être jamais éclaté si la justice helvétique s'était montrée plus finaude... Car la DNEF était sur le point de laisser tomber l'opération d'infiltration de HSBC, faute de certitudes, et quand bien même la DGSE jugeait cette source fiable.

Le 24 décembre 2008, c'est Noël, donc l'atmosphère est très détendue dans les locaux de Pantin. Mais c'est aussi ce jour-là que Falciani se manifeste. Réfugié en France, il accepte de confier ses précieux DVD à la DNEF. Une équipe se précipite sur place, récupère les données, des doubles sont enfermés dans le coffre de Veillepeau, tandis que la DGSE, mieux équipée sur le plan technique, fait tourner ses ordinateurs afin d'expertiser sommairement les DVD.

Très vite, tout le monde à la Direction nationale des enquêtes fiscales est conscient d'une évidence : cette affaire est un engin à fragmentation, une bombe politique, diplomatique, fiscale et judiciaire.

Et le détonateur est entre les mains de Roland Veillepeau.

À Nice, des informaticiens de la DNEF travaillent, avec la coopération active de Falciani, et les premiers noms de personnalités surgissent des ténèbres numériques… Le 31 décembre 2008, pour la première fois, Veillepeau rédige une note de synthèse très complète sur le sujet et l'adresse à Philippe Parini, le directeur général des finances publiques.

Panique à Bercy.

Les Suisses, eux, font monter la pression. À leur demande, Falciani est interpellé et placé en garde à vue à Menton. Dans une note blanche du 20 janvier 2009, la DNEF écrit ceci : « Il y a lieu de noter la rapidité et l'importance des mesures prises par les autorités suisses, ce qui laisse à penser qu'elles tiennent à tout prix à récupérer les données qu'apparemment elles cherchent avec insistance et qui leur semblent précieuses. »

Lors de la cérémonie des vœux pour la nouvelle année, à la DNEF, le 21 janvier 2009, un long conciliabule réunit le général David Galtier, directeur de la police judiciaire de la gendarmerie, Roland Veillepeau et ses deux hommes de confiance, Jean-Patrick Martini et François Jean-Louis. Le général Galtier dépêche l'un de ses adjoints séance tenante à Menton. Il faut contrer les Suisses, et évaluer la procédure. Tous les réseaux de la DNEF sont mobilisés : la gendarmerie, donc, alliée sûre et fiable, mais aussi la justice, en la personne d'Éric de Montgolfier, procureur de Nice, avec qui Veillepeau va finir par très bien s'entendre. Deux forts caractères aux intérêts communs.

Fin janvier, nouveau pince-fesse à l'occasion des vœux du ministère des Finances, à Bercy. Cette fois, c'est toute la direction générale des finances publiques qui est réunie. Le directeur de la fiscalité, en contact constant avec Éric Woerth, intime l'ordre à Veillepeau de stopper ses investigations. Plusieurs sources nous ont confirmé ce fait. « Je vous interdis de rencontrer à nouveau Falciani », exige le supérieur de Veillepeau. Celui-ci demande une consigne écrite, fidèle à sa politique.

Ledit ordre manuscrit ne lui parviendra jamais.

Et la mariée est vraiment trop belle. Un chasseur comme le patron de la DNEF ne peut se résoudre à laisser échapper une telle prise. Alors il ruse : il demande à ses hommes de ne plus rencontrer physiquement Falciani. Mais il reste le téléphone…

Pourquoi Bercy a-t-il voulu, un temps, mettre fin à ces investigations ? Même Veillepeau n'en sait rien. Les syndicats non plus. L'enquête dérangeait, c'est une certitude. D'ailleurs, les listings connaîtront diverses fortunes. Le nom de Jean-Charles Marchiani, préfet et homme de réseaux de droite, par exemple, disparaîtra. Pour mieux revenir. Curieux. Le cas de Patrice de Maistre sera sommairement examiné. Certes, le compte du gestionnaire de fortune de Liliane Bettencourt était alors crédité de zéro, et il avait été clôturé, tout en figurant toujours dans les livres de comptes de la banque… Mais, on y reviendra, il y avait sans doute moyen de retracer le parcours de son argent, son origine et, surtout, sa destination.

En ce début d'année 2009, Patrice de Maistre est un illustre inconnu.

Enfin, pour le grand public. Car dans les allées du pouvoir, ce descendant du contre-révolutionnaire Joseph de Maistre jouit d'une certaine notoriété. Fidèle contributeur de l'UMP, farouche partisan de Nicolas Sarkozy, nouvel ami d'Éric Woerth, et, accessoirement, employeur depuis septembre 2007 de… Florence Woerth. L'épouse du ministre du Budget a, en effet, été embauchée moyennant 200 000 euros par an par Clymène, la société qui gère les dividendes tirés de l'Oréal par les Bettencourt, et dont M. de Maistre est le directeur général.

Tout cela, à l'époque, le patron de la DNEF n'en a pas connaissance. Les premiers noms de personnalités vont apparaître à partir du mois de février 2009. Le 23 février 2009, Roland Veillepeau signe d'ailleurs une demande d'enquête relative à quelques patronymes intéressants figurant sur les listings Falciani : on trouve le sénateur UMP Aymeri de Montesquiou, l'actrice Jeanne Moreau, le cuisinier Paul Bocuse, l'ancien patron des *Échos* Luc de la Barre de Nanteuil, l'humoriste Gad Elmaleh, le psychanalyste Gérard Miller ou encore le violoniste Stéphane Grappelli.

Veillepeau est sur un siège éjectable. Ses hommes travaillent comme des forcenés. Se déplacent dans le sud de la France. « Sans avoir de contact physique avec la source, conformément aux instructions du directeur », relate le directeur divisionnaire François Jean-Louis, dans une note confidentielle du 11 mars 2009. L'avocat de l'époque de Falciani, Me Rizzo, rencontre les agents de la DNEF à Paris, souvent à l'hôtel Westminster. Plus tard, Falciani prendra comme conseils les fameux pénalistes parisiens Mes William Bourdon et Léa Forestier. Un couple d'avocats réputés pour ne pas avoir peur de grand-chose, et spécialisés dans les « grandes causes ». Falciani, devenu l'incarnation dans l'Hexagone des lanceurs d'alerte, en est une, assurément…

Arrivent donc ces vacances de Pâques, au printemps 2009.

La Chine. Et pour Veillepeau, l'annonce brutale de son éviction.

Au retour de ses congés, le patron de la DNEF fait sa mauvaise tête, évidemment. On lui propose de devenir conservateur des hypothèques, à Melun ? Un poste grassement payé, une sinécure qui fait rêver nombre de ses collègues, mais où l'on s'ennuie ferme. Quitte à être muté, autant choisir sa pénitence. Il rencontre ses patrons. « Je veux le même poste, mais à Toulouse. C'est ça, ou la chronique de l'affaire HSBC sera dans *Le Canard enchaîné*... », tonne-t-il.

Il n'aurait sans doute pas mis sa menace à exécution, il a le secret fiscal chevillé au corps. On l'a constaté, lorsqu'il a fini par consentir à nous accorder un entretien, publié dans *Le Monde* du 10 février 2015. Il était d'accord pour nous parler, livrer quelques éléments de sa biographie, mais à une condition : hors de question d'évoquer la moindre affaire particulière, notamment le dossier HSBC, évidemment. « Je ne peux parler de ce cas précis, étant lié à vie par le secret fiscal », nous lâcha-t-il d'entrée. Et Roland Veillepeau est un homme de parole, dans le genre psychorigide, même !

Le monde des hauts fonctionnaires est ainsi fait, tremblant devant la moindre menace d'exposition médiatique. Coup de bluff gagnant : le patron de la DNEF obtient gain de cause. Il sera muté à Toulouse. Mais dans les formes. Il lui reste encore quelques mois pour bien faire progresser l'« opération Chocolat ». D'abord, protéger ses hommes. Et en premier lieu Jean-Patrick Martini.

Ce dernier a des soucis. Les Suisses n'ont pas digéré le rôle extrêmement actif joué par l'espion de Bercy. Le 15 juin 2009, il prévient Veillepeau que la justice helvétique enquête sur lui. Le lieutenant-colonel de la gendarmerie française Bertrand Rodier, basé à Genève, a été longuement interrogé sur le cas Martini par le

Ministère public de la confédération (MPC). Il lui a notamment été demandé les numéros de téléphone privés de Martini, ses lieux de résidence, etc. Mécontent de constater que la gendarmerie nationale « collabore » avec les Suisses, Martini indique ceci à sa direction : « Il apparaît que toutes ces recherches faites sur le territoire français, au profit d'un État étranger avec l'appui d'un fonctionnaire de la gendarmerie française, ne me semblent pas fondées sur une base légale satisfaisante. »

Veillepeau le rassure, par courriel, en adressant une copie à Bercy : « Je vous demande d'informer nos partenaires de la gendarmerie que je n'apprécie pas du tout le zèle de leur représentant à Genève. Je vous demande de ne pas mettre le pied en Suisse, pour quelque temps, même à titre privé. » Martini ne franchira plus la frontière.

Comme Veillepeau, d'ailleurs, encore aujourd'hui.

Mais il reste une mission à accomplir. Comment sanctuariser les données Falciani, éviter qu'elles soient « malencontreusement » effacées ? Seul un espace parfaitement sécurisé pourrait leur garantir une assurance-vie : la base de suivi du contrôle fiscal. Alors, bien avant de partir pour Toulouse, dès le printemps 2009, Veillepeau va demander à deux assistantes de la DNEF d'entrer ces listes de noms dans cette base qu'il est a priori impossible de modifier. Les données sanctuarisées, il rédige un rapport extrêmement complet sur ses trouvailles. Adressé à plusieurs personnes. De longues pages où il détaille la manière dont ses hommes ont œuvré et reconstitué le fichier. « Les données sont constituées de près de 600 fichiers informatiques d'un poids de plus de 100 gigaoctets, ce qui représente une masse brute d'informations considérable, écrit-il. Ces fichiers permettent en quelque sorte de reconstituer la comptabilité clients de HSBC Finance Bank. Ils comprennent :

– une sauvegarde au 31 mars 2007 de la base client de la banque au format DB2 (IBM), la sauvegarde au 31/3/08 devant être fournie prochainement ;

– des fichiers zippés de sauvegardes quotidiennes par type de ressources (liquide, actions, obligations...) au format texte pour chaque profil client. Ils couvrent la période allant du 1/1/2006 au 30/9/2007 ;

– des fichiers des contacts avec les clients, issus d'une application de gestion de la relation client (CRM), au format texte, pour l'année 2005. »

Dans le rapport de Veillepeau, les noms sont cités, répertoriés. En guise de... mise en bouche, il détaille même un cas, celui du cuisinier Paul Bocuse : « À titre d'exemple, écrit-il, l'examen portera sur la fiche de Paul BOCUSE, ci-jointe. Paul BOCUSE est inconnu du personnel de HSBC Private Banking à Genève, où pourtant il a disposé en 2006/2007 de 3 164 189 US$. Ces fonds lui appartiennent au travers de la société panaméenne Treasure Trading Corporation, créée le 5/4/81 à Panama. Cette société-écran est gérée depuis Genève par Me Maurice TURETTINI, case postale 5715, à qui est envoyé le courrier relatif à cette entité. Cette société-écran dispose de neuf comptes bancaires, dont les références figurent sur la fiche de synthèse. »

Il joint aussi quelques tableaux très didactiques. Comme celui-ci.

PAYS	Nombre estimé de clients	Total estimé des actifs clients US$
Allemagne	283	761 201 787
Australie	71	295 308 122
Belgique	1 306	781 573 359
Espagne	702	3 001 612 325
GB	5 317	61 312 840 842
Italie	1 449	33 775 115 176
Portugal	440	1 383 781 672
Russie	248	3 359 003 684
USA	1 414	16 013 300 305
France	2 543	3 530 942 737
Total 10 pays	13 773	124 214 680 008

L'« opération Chocolat » ne pourra plus être arrêtée.

D'ailleurs, juste avant son départ, Roland Veillepeau prendra connaissance, avec une pointe d'amertume, d'une interview choc de son ministre de tutelle, accordée au *Journal du dimanche*, le 29 août 2009. « Nous avons récupéré les noms de 3 000 contribuables détenteurs de comptes dans les banques suisses, dont une partie correspond très probablement à de l'évasion fiscale », déclare ce jour-là Éric Woerth, qui se garde bien de dévoiler l'origine de ses informations. Et encore moins d'indiquer que son ami Patrice de Maistre est passé entre les mailles des filets du fisc français.

Veillepeau, lui, sait.

Il peut partir la tête haute. Même s'il a été frappé par la malédiction des listings Falciani. Le procureur de Nice, Éric de Montgolfier, rapportera au juge Renaud Van Ruymbeke : « Il [Veillepeau] est venu me voir à Nice et m'a annoncé son prochain départ. Il m'a semblé qu'il s'agissait d'une sanction. » Même son de cloche du côté d'Hervé Falciani, toujours dans le cabinet du magistrat financier : « Il nous a dit qu'il allait finir dans un placard doré. Effectivement, il va être viré du fait de sa volonté que ce dossier avance jusqu'à son terme. »

Le 1er septembre 2009, Roland Veillepeau quitte définitivement la DNEF, et gagne la ville rose. Conservateur des hypothèques, un métier créé par Louis XV. Il s'agit simplement d'assurer la tenue du fichier immobilier et la délivrance des renseignements contenus dans ces archives. Un placard doré, car remarquablement bien rémunéré. Il y restera jusqu'à sa retraite, en août 2014. Comme on ne se refait pas, il va prendre la tête d'une association des conservateurs, et batailler pour conserver quelques droits ancestraux. Surtout, il va observer, de loin, l'évolution de la plus belle enquête de sa carrière.

Avec inquiétude.

Il avait rencontré, à Nice, au début de l'affaire, le procureur Éric de Montgolfier. Il le savait bien disposé, prêt à ferrailler, à dépouiller les fraudeurs. Il redoutait pour lui les embûches, les entraves qu'on ne manquerait pas de lui imposer…

Montgolfier, qui doit poursuivre son œuvre va enclencher la machine judiciaire.

Quitte à en payer le prix.

IV

Le procureur

Il ne faut pas le chatouiller.

Treize années de présence à la tête d'un parquet où l'on gère quinze adjoints et où l'on traite quatre-vingt-six mille procédures par an, cela vous classe un magistrat. Éric de Montgolfier est un homme de défis. Une incongruité vivante, aussi, dans un milieu où se mettre en avant est plutôt mal vu. Car le procureur de Montgolfier raffole des médias.

Surtout s'ils disent du bien de son action.

Il se fait une très haute idée de la justice. De lui également, persiflent ceux qui le jalousent – et ils sont nombreux, dans sa corporation. Mais il est du genre résilient.

Il déteste, dans le désordre, la corruption, les incivilités, les politiciens cyniques, même s'il a dû composer avec eux, parfois, parce que dans le Sud on n'a pas le choix. C'est ainsi. Il parle comme il est. Il se ressemble. Toujours élégant, droit, voire rigide, distant aussi, regard amusé derrière ses lunettes. Un dîner avec lui vous permet de revisiter les arcanes de la justice, il a une opinion sur tout, n'hésite pas à la faire connaître. À grand renfort de phrases souvent ampoulées, mais toujours bien charpentées. Donc, un personnage, dont le tableau de chasse est la meilleure carte de visite : tombeur de Bernard Tapie lorsque à Valenciennes il déterra, au sens propre du terme, l'argent de la corruption en marge d'un match de football que le président de l'Olympique de Marseille avait arrangé, en 1993 ; puis, six ans plus tard, arrivé à Nice, contempteur des réseaux maçonniques suspectés d'avoir infiltré la justice locale, et incarnés par ce juge, Jean-Paul Renard, notable dont il brisa la réputation puis la carrière...

À Nice, en ce début d'année 2009, l'incorruptible magistrat est autant détesté qu'admiré. À Paris, on le redoute. À Aix-en-Provence, le très droitier procureur général François Falletti, son supérieur hiérarchique, a du mal à le supporter.

On aurait bien aimé revoir Éric de Montgolfier, maintenant qu'il est à la retraite, pour lui demander de nous raconter en détail l'épisode HSBC, mais il ne nous parle plus, depuis que nous avons publié, le 11 avril 2012, à l'occasion de sa nomination à la tête du parquet général de Bourges, un article dans *Le Monde* relatant son long passage à Nice, et l'impression contrastée qu'il y a laissée. Un papier équilibré, ses réussites étaient mises en avant, lui-même s'exprimait largement. Mais ses détracteurs aussi. Avec des mots durs. Il l'a ressenti comme une trahison, habitué sans doute aux articles élogieux qui jalonnent sa carrière.

« Même au bénéfice de meilleurs souvenirs, celui que m'a, contre toute attente, laissé l'article consacré à mon départ de Nice ne saurait m'inciter à accepter de me prêter à une autre tentative », nous a-t-il répondu par SMS. Joliment troussé. À l'image du personnage, cultivé et susceptible.

C'est donc cet homme-là, ce magistrat hypermédiatique, donc intouchable, ce chasseur de « puissants » à qui personne ne résiste, pas plus sa hiérarchie que les malfrats qu'il poursuit ou les journalistes qu'il côtoie, qui va hériter du listing Falciani, début 2009. L'informaticien ne pouvait mieux tomber. D'autres procureurs se seraient couverts, auraient refilé le mistigri à des collègues plus audacieux. Montgolfier, lui, se lèche les babines. Ce listing, c'est une aubaine. Peut-être le dernier grand coup de sa carrière.

Il va y avoir du sang sur les murs.

C'est que les Suisses ne lâchent pas l'affaire. Ils veulent à tout prix récupérer les données de Falciani. Et le procureur de Nice a fait son choix, dès le départ, on l'a vu. Pas question d'obtempérer. La procureure fédérale, Laurence Boillat, après son escapade à Nice, a pris sa plume officielle. Le 3 février 2009, elle adresse un courrier à Olivier Caracotch, l'adjoint d'Éric de Montgolfier, dans lequel elle réclame « la transmission du carnet jaune contenant des notes personnelles, ainsi qu'une copie des données contenues dans le téléphone iPhone, dans l'unité centrale et dans l'ordinateur portable ». Tout ce matériel a été saisi chez Falciani. Mais le parquet de Nice a pris sa décision depuis longtemps, après concertation avec la DNEF : impossible de donner satisfaction aux Suisses. Les autorités françaises ont l'absolue conviction que, dans cette hypothèse, seul Falciani serait poursuivi, surtout pas HSBC.

Elles n'ont pas tort, d'ailleurs : il faudra attendre l'opération SwissLeaks, en février 2015, pour que la justice suisse, contrainte et forcée, daigne se pencher sur les pratiques illégales de HSBC Private Bank...

Olivier Caracotch répond dès le 4 février 2009 à la procureure Boillat : « Il ne m'est pas possible de vous transmettre ces données sans expertise préalable, et ce, en application du principe de spécialité qui régit l'entraide répressive internationale. » En langage moins formel, cela signifie que des intérêts français sont en jeu, et donc, qu'il convient d'abord de s'en soucier, avant de satisfaire aux demandes de pays, fussent-ils amis comme la Suisse...

La confédération ne désarme pas. En décembre 2009, elle décidera même de suspendre le processus de ratification par les deux chambres fédérales de l'avenant à la convention relative aux doubles impositions, conclu à l'été 2009, et qui permet notamment l'échange de renseignements fiscaux. Elle tapera aussi à la porte de la chancellerie, à Paris, où elle trouve une oreille attentive en la personne de Michèle Alliot-Marie, garde des Sceaux depuis juin 2009. Voilà Éric de Montgolfier une nouvelle fois placé dans la position du gêneur, de l'empêcheur de classer en rond. Celle qu'il préfère.

Il s'assure déjà de la coopération d'Hervé Falciani. Dès le 22 mai 2009, celui-ci, fort opportunément, écrit au procureur : « Je suis amené à décider de porter mon plein et entier concours aux autorités françaises et notamment judiciaires et fiscales. Je serai également en mesure de vous démontrer en quoi une banque privée est susceptible de devenir une arme au service du crime organisé. » La phraséologie est pesée, réfléchie. On devine la patte de l'avocat Patrick Rizzo. Et elle autorise le procureur à lancer des investigations.

Le 26 juin 2009, il ordonne donc une enquête préliminaire pour « blanchiment de fraude fiscale » et saisit conjointement les services de la douane judiciaire et de la gendarmerie nationale. L'initiative est plus importante qu'il n'y paraît. Elle va faire entrer Montgolfier dans le cercle très fermé de ceux qui ont contribué à l'émergence de l'affaire HSBC. Le procureur va devenir, lui aussi, l'un de ces hommes qui en savaient trop. En effet, en introduisant les données Falciani dans le champ judiciaire, le magistrat leur donne une existence légale. Il va d'ailleurs prendre soin, dès le 9 juillet 2009, en parfaite concertation avec Roland Veillepeau, de transmettre à l'administration fiscale française une copie des listings saisis en perquisition. Bien sûr, le fisc disposait déjà de ces données, obtenues par ses soins, mais désormais Bercy peut travailler sous couvert de la loi, comme l'y autorise le livre des procédures fiscales.

« J'ai, en fait, blanchi l'origine des données informatisées que je détenais judiciairement », reconnaîtra benoîtement, en juin 2012, Éric de Montgolfier, devant une commission d'enquête sénatoriale sur l'évasion des capitaux.

Reste qu'il évolue en terrain miné. « J'ai le sentiment, à travers ce que j'ai vécu, qu'il y a eu de multiples freins, relatera ainsi devant les juges français Hervé Falciani. Le plus significatif a été la tentative par la garde des Sceaux, Mme Alliot-Marie, de faire disparaître les preuves. » Les termes sont forts, mais l'inertie de la Place Vendôme est factuellement avérée.

À Paris, en effet, la chancellerie fait de la résistance et refuse de valider la position du procureur. « De longues semaines se sont écoulées sans que nous obtenions de réponse », se rappelle Éric de Montgolfier, en juillet 2013, lorsqu'il est interrogé sur ses rapports avec sa hiérarchie par le juge parisien Renaud Van Ruymbeke, alors en charge du dossier HSBC. « À l'occasion d'une réunion organisée par la garde des Sceaux avec les procureurs généraux et les procureurs de la République, j'ai eu l'occasion de rappeler cette demande à son directeur de cabinet, François Molins [actuel procureur de Paris], qui m'a répondu que c'était difficile. Puis, quelque temps après, le procureur général d'Aix-en-Provence François Falletti m'a appelé pour me demander de faire parvenir l'original des scellés – dont j'avais fait établir des copies – au parquet fédéral suisse… »

Grosse colère du procureur de Nice. Comment contrer cet intense lobbying diplomatique de la Suisse ? Si les données Falciani retournent sur le territoire helvétique, il y a fort à parier qu'elles ne serviront plus à rien. Toujours au Sénat, en 2012, Éric de

Montgolfier livre le fond de sa pensée, à sa manière, sans langue de bois : « Dans cette affaire, il est intéressant de constater à quel point les autorités helvétiques ont pris fait et cause pour le banquier qui avait donné asile à des capitaux sortis en fraude de notre pays. Les courriers que j'ai reçus du parquet fédéral de Berne, outre qu'ils étaient désagréables, ce qui n'est pas bien grave, étaient particulièrement insistants, comme si les intérêts de la Suisse et de HSBC se confondaient. »

Et c'est évidemment le cas. Personne, de l'autre côté des Alpes, n'a intérêt à ce que le scandale éclate. La Suisse ne s'est pas encore engagée – timidement – sur le chemin de l'honnêteté fiscale internationale. Et puis, HSBC, ce n'est pas rien. L'une des plus grandes banques privées mondiales. Des dignitaires étrangers y ont placé leur magot. Le gotha mondial a ses entrées à Genève, Lugano ou Zurich. Certains gestionnaires de fonds de la banque ne craignent pas, en ces temps d'impunité absolue, de franchir les frontières, de démarcher les clients, de leur amener du cash, et même de leur expliquer comment contourner les règles européennes afin d'échapper aux taxes…

En coulisses, Berne s'agite, multiplie, discrètement et avec tact, les pressions sur Paris. Avec succès. Que pèse un procureur de province face à ces sommes faramineuses, ces intérêts multiples ? Comme souvent, c'est un article de presse qui va faire reculer la France, dont le pouvoir politique fléchissait clairement en faveur de la Suisse. *Le Canard enchaîné* publie un article très bien renseigné, relatant les péripéties de la liste Falciani et les atermoiements de la justice française. Grand émoi place Vendôme. « Je n'y étais pour rien, je vous assure, jurera Éric de Montgolfier devant les sénateurs. Et j'ai finalement reçu un ordre différent de la chancellerie, celui de conserver les données. Nous n'avons donc rendu aux Suisses que des copies... »

Voilà le péril imminent écarté.

Le magistrat niçois peut intensifier ses efforts. Il sait de toute façon, étant donné l'importance de l'enquête, le nombre de fraudeurs éventuels et surtout leur dispersion sur tout le territoire national, que les investigations, à un moment ou un autre, vont lui échapper. Il sera déchargé de la majeure partie voire de la totalité du dossier, nécessairement, ne serait-ce que pour des motifs de compétences territoriales.

Il s'y prépare.

Les noms de personnalités affluent. Peu à peu, les listings révèlent en effet leurs premiers secrets, avec le concours actif de Falciani, qui aide à la fois le fisc, jusqu'en mars 2009, et la justice, jusqu'en décembre 2009. À un moment, sa présence deviendra gênante. Il devra s'effacer. Personnalité trop embarrassante, menaçante.

Les Suisses, eux, poursuivent leur travail de sape. Voici maintenant qu'ils prétendent que les données vont être falsifiées, manipulées, caviardées par les Français ! Décision a été prise, malgré tout, de leur transmettre une copie. « J'ai d'abord eu un contact téléphonique avec la procureure fédérale suisse au sujet de la remise de la copie des données, se rappelle Éric de Montgolfier. Je lui ai demandé comment procéder afin de ne pouvoir être soupçonné, en cas de perte, de l'avoir égarée volontairement. Elle m'a répondu que, de toute façon, elle savait que j'allais les truquer. Ce n'était guère aimable, mais passons... »

Il y aura un contact téléphonique, le 23 décembre 2009, entre Laurence Boillat et François Falletti, le supérieur hiérarchique du procureur de Nice.

Elle a la dent dure, la magistrate suisse.

L'affaire lui échappe, elle l'a compris. On sent l'ironie amère, lorsqu'elle note, dans son dossier pénal, les souvenirs que lui a laissés cette conversation : « Durant toute la durée de notre entretien, M. Falletti se comporte, comme la première fois, comme si rien de cette affaire n'avait paru dans les médias... »

Clairement, la magistrate pense que la justice française a fait fuiter exprès cette affaire HSBC. À l'époque, il est vrai, la presse française est très bien informée. *Le Parisien*, d'abord, puis *Le Monde*, *Le Figaro*, *Le Point*...

Tout Paris bruisse de rumeurs sur les noms de personnalités françaises prises dans les rets fiscaux et/ou judiciaires. Les gendarmes ont fait leur travail. 8 936 noms de personnalités françaises sont recensés : toutes détenaient un compte à la HSBC Private Bank entre le 9 novembre 2006 et le 31 mars 2007, au moins. Montant total de leurs avoirs, camouflés pour beaucoup derrière des sociétés offshore : 5,7 milliards d'euros, d'après les enquêteurs (selon un décompte très récent, en usant d'autres méthodes de calcul à la demande de la banque, cette somme est évaluée à 2,2 milliards d'euros).

La pêche n'est pas bonne, elle est miraculeuse !

Éric de Montgolfier donne l'ordre par écrit à ses enquêteurs de pousser leurs investigations. Le 6 juillet 2010, il cible une liste de cinquante-trois personnalités censées détenir des comptes chez HSBC PB. Parmi celles-ci : les chanteurs David Hallyday et Philippe Lavil, les avocats Daniel Vaconsin ou Michel Tubiana, les industriels Christian et François Picart (fondateurs de la chaîne de restauration Buffalo Grill), ou Alain Afflelou, le journaliste Alain Ayache, les sportifs Henri Leconte et Christophe Dugarry, les patrons Xavier Gouyou-Beauchamps ou Alexandre Poniatowski, le galeriste Emmanuel de Brantes, et même une ancienne Miss France, Linda Hardy... Que des *happy few*. Il faut se souvenir que le ticket d'entrée est fixé à un million de dollars, dans la banque privée suisse.

En citant nommément les personnes, en demandant aux enquêteurs d'investiguer sur celles-ci (montant des avoirs, certes, mais aussi antécédents judiciaires, adresses privées, etc.), sans avoir encore aucune preuve de l'irrégularité de leurs situations, le procureur Montgolfier ne va-t-il pas trop loin, trop vite, trop fort ? Ne signe-t-il pas son dessaisissement, aussi, sachant que la plupart de ces contribuables n'ont rien à voir avec les Alpes-Maritimes ? Mais le magistrat, sentant que le dossier pourrait bien être enterré, décide de foncer, afin de rendre les choses irréversibles. « Affoler la meute », pour reprendre son expression fétiche, il sait faire.

D'autant qu'il a d'autres intuitions. Quid de ces comptes absolument faramineux attribués à de simples gestionnaires de fonds de HSBC ? « Nous avons été sidérés de constater le nombre d'employés de HSBC détenteurs de comptes, se souvient-il au Sénat en 2012. S'agissait-il de comptes pour tiers ? » La réponse était évidemment dans la question du procureur. Qui ajoute : « Je ne compte pas trop sur les Suisses pour nous éclairer sur ce point... »

Il n'a pas tort.

Déjà l'on sent poindre ce sentiment d'avoir face à soi un gigantesque iceberg, dont la face immergée demeure hors d'atteinte.

Le 3 décembre 2010, l'inéluctable se produit : pour des motifs de compétence territoriale, la juridiction niçoise est dessaisie au profit du parquet de Paris. Éric de Montgolfier a perdu son « bébé », ne conservant que quelques cas mineurs dans son giron local. Les gendarmes, eux, ont fini leur travail de bénédictin. Ils ont dentifié, au total, 106 682 clients et 20 129 sociétés détenant des comptes chez HSBC PB.

Parmi ces contribuables, délinquants fiscaux éventuels, un cas passe un peu inaperçu. À tort, car la simple évocation de ce nom à particule, à partir du printemps 2010, revenait à tirer un signal d'alarme. Déjà détectée par Veillepeau et ses troupes, la présence du gestionnaire de fortune de la famille Bettencourt, Patrice de Maistre, sur les listings Falciani a-t-elle inquiété en haut lieu ? Et précipité le rapatriement de l'enquête à Paris ? C'est une hypothèse solide. Largement accréditée par le procureur de Montgolfier lui-même. Interrogé le 10 février 2012 par Mediapart sur sa gestion des listings, il confiera : « On a regardé et effectivement on a trouvé un compte au nom du fameux de Maistre. Il était parfaitement immobile et ne fonctionnait plus. Ce compte intéressait un certain nombre de personnes dans les cercles de pouvoir… »

2010, c'est en effet une année un peu spéciale sur le plan judiciaire, en France. C'est l'année où l'affaire Bettencourt devient tentaculaire, monstrueuse. Longtemps réduite à un conflit privé déchirant une famille assise sur l'une des plus grosses fortunes du monde, elle a mué en un scandale politique après la révélation par Mediapart, le 16 juin, d'enregistrements particulièrement compromettants pour le pouvoir sarkozyste. Éric Woerth, tout à la fois ministre du Budget (puis du Travail) et trésorier de l'UMP, se trouve englué dans l'affaire. Il lui est notamment reproché d'avoir perçu de l'argent en espèces de la famille Bettencourt, via justement le dénommé Patrice de Maistre, homme de confiance de la milliardaire. Et d'avoir obtenu pour ce dernier une décoration en échange de l'embauche de son épouse… Trois juges bordelais le mettront d'ailleurs en examen, en 2012, dans deux procédures distinctes, pour « recel » et « trafic d'influence », en raison de ces liens amicaux et financiers suspects. Sans détenir de preuves, mais forts de présomptions. Renvoyé, contre l'avis du parquet, devant le tribunal correctionnel de Bordeaux, devant lequel il a comparu début 2015, Éric Woerth a vivement contesté les faits qui lui sont reprochés, ne doutant pas d'obtenir une double relaxe, conformément aux réquisitions du ministère public.

Dans tous les cas, cette affaire aura mis en lumière le rôle longtemps joué, dans l'ombre, par Patrice de Maistre, astre discret de la galaxie sarkozyste.

Entre fin 2007 (moment où André Bettencourt décède) et au moins jusqu'en 2010, il gère, seul, la richesse de Liliane Bettencourt, il est celui qui murmure à l'oreille de la vieille dame, l'une des femmes les plus riches du pays. Or, même symbolique, une part de cet argent a servi au camp sarkozyste, en 2007, au moins. D'abord, il y a le témoignage de Claire Thibout, la comptable de Mme Bettencourt : « Patrice de Maistre m'a demandé de venir dans son bureau et m'a dit : "Claire, j'ai besoin de 150 000 euros." J'ai demandé : "C'est pour quoi faire ?" Il me répond : "Je dois voir M. Woerth et lui remettre cette somme." » Elle assure que, faute de demande expresse de Mme Bettencourt, elle se refusa à aller au-dessus de 50 000 euros, somme remise effectivement le 18 janvier 2007 à Liliane Bettencourt, en présence de Patrice de Maistre. « Quelques jours plus tard, a encore raconté Claire Thibout, dans son bureau, il m'a dit : "Ça sert d'avoir des comptes en Suisse." »

Un témoignage vivement contesté, aussi bien par Éric Woerth que par Patrice de Maistre.

En tout cas, les investigations des juges l'attestent : le gestionnaire de fortune est effectivement allé en Suisse et a rencontré Éric Woerth le 19 janvier 2007, au lendemain de la remise des 50 000 euros de la comptable à sa patronne. Le 28 janvier 2007, il retourne à Genève, rencontre René Merkt, l'avocat suisse des Bettencourt. Le 29 janvier 2007, de Maistre assiste à une réunion du Premier Cercle, le club des donateurs de l'UMP. Le 5 février 2007, 400 000 euros en espèces arrivent de Suisse par porteur chez les Bettencourt, Patrice de Maistre a rendez-vous aussitôt avec Liliane. Le 7 février 2007, il va prendre un café avec Éric Woerth, à 8 h 30. À tout le moins, les deux hommes sont très liés, et il existe un système de rapatriement de sommes occultes en provenance de la Suisse.

Et puis, il y a cette visite, en 2008, de Liliane Bettencourt à l'Élysée, accompagnée par l'incontournable Patrice de Maistre – celui-ci s'y rendra au moins une seconde fois, seul. Mais aussi, bien sûr, ces fameux enregistrements clandestins réalisés au domicile des Bettencourt, dans lesquels on entend M. de Maistre mettre en avant sa grande proximité avec Éric Woerth, dont il a embauché la femme, Florence Woerth. On y surprend même Patrice de Maistre, le 23 avril 2010, dire à Mme Bettencourt, à propos de l'embauche de Florence Woerth : « J'avoue que quand je l'ai fait son mari était ministre des Finances, il m'a demandé de le faire. [...] J'l'ai fait pour lui faire plaisir... »

Il faut aussi se souvenir de la lettre d'Éric Woerth à Nicolas Sarkozy, en 2007, recommandant Patrice de Maistre pour l'obtention de la Légion d'honneur. Cette missive, du 12 mars 2007, dit ceci : « Cher Nicolas, mon attention a été appelée par Monsieur Patrice de Maistre. [...] Je vous serais reconnaissant de bien vouloir accorder à cette requête une attention particulière. » Ajoutés à la main, ces mots, à l'encre bleue : « Ce serait bien d'accéder à cette demande. Je t'en reparle. »

C'est donc qu'il faut choyer Patrice de Maistre, membre du Premier Cercle, cette structure de généreux donateurs créée par l'UMP. Il verse 2 000 à 3 000 euros par an, et 7 500 euros en cette période électorale. Il a même financé à hauteur de 1 500 euros la petite association montée autour d'Éric Woerth. La famille Bettencourt a également contribué financièrement à la campagne de Nicolas Sarkozy, au moins légalement.

Considérant tout cela, en ces temps de reprise en main musclée de l'appareil judiciaire, sous le quinquennat Sarkozy, on demanderait donc à des magistrats de pousser leur enquête sur d'éventuels comptes occultes de M. de Maistre ? On laisserait l'affaire entre les mains d'un magistrat réputé incontrôlable ?

Allons donc...

En juillet 2010, Éric Woerth et Patrice de Maistre sont placés en garde à vue dans le dossier Bettencourt. En décembre 2010, la procédure HSBC est retirée à Montgolfier et confiée au parquet de Paris. Plus tard, les douaniers essaieront bien de cibler Patrice de Maistre, se livrant à un travail préparatoire d'enquête, répertoriant les différents comptes du gestionnaire de fortune, ses adresses, ses relations... Mais ils se heurteront, in fine, à la décision du parquet de Paris de ne pas pousser plus loin leurs investigations.

Quel que soit l'épilogue judiciaire de cette rocambolesque affaire Bettencourt, il reste un fait avéré, incontestable. Et intéressant. Patrice de Maistre a bien détenu un compte à la HSBC Private Bank de Genève. Numéro d'identifiant client : 5 090 133 698. Créé le

19 novembre 1989, il était parfaitement référencé chez HSBC, quoique clôturé officiellement le 13 juin 1997. La correspondance était bloquée en banque, ce qui signifie que de Maistre souhaitait une totale confidentialité. Mais, à la période d'examen (novembre 2006-mars 2007), il n'était pas approvisionné, le montant de ses avoirs était nul, à en croire les données Falciani. Zéro dollar. Ou zéro euro, au choix !

Pourtant, il avait bien fallu l'ouvrir, ce fameux compte, avec de l'argent frais. Il faut le répéter, un minimum de un million de dollars était exigé par la banque pour avoir l'insigne honneur d'ouvrir un compte dans la très sélecte HSBC Private Bank de Genève...

On mesure d'autant mieux les dangers d'une enquête non contrôlée par le pouvoir que, outre Patrice de Maistre, d'autres noms particulièrement significatifs figurent sur les listings. L'ancien « Monsieur Afrique » d'Elf, André Tarallo, l'homme d'affaires André Guelfi, l'ex-député européen Jean-Charles Marchiani, des hommes jouant les intermédiaires, aux confins des intérêts d'État et de leur propre fortune. Tous situés dans la nébuleuse d'un certain Charles Pasqua, mentor politique de Nicolas Sarkozy.

Surprise, on y trouve même un patronyme inconnu du grand public, mais familier des arcanes du pouvoir : en l'occurrence deux membres de la famille d'Éric de Sérigny, ami intime de Nicolas Sarkozy depuis vingt ans, conseiller de l'ombre à Bercy, entre 2007 et 2010, du ministre Éric Woerth. Il est vrai qu'Élisabeth et

Diane Le Moyne de Sérigny, résidentes suisses, étaient fondées à détenir un compte à la filiale genevoise de HSBC. Autre nom intriguant jamais dévoilé : celui d'une certaine Marie-Aude Dalamel Balkany, qui n'est autre que la belle-sœur de Patrick Balkany. Le député et maire de Levallois-Perret présente la double caractéristique – répandue depuis quelques années ! – d'être à la fois cerné par la justice et l'un des plus fidèles amis de Nicolas Sarkozy. Ouvert le 2 février 1997, le compte de cette femme de soixante et un ans, domiciliée dans le XVIe arrondissement de Paris, et dont rien ne prouve qu'elle n'a pas rempli ses obligations fiscales, présentait un crédit maximal (sur la période 2006-2007) de 325 372 euros.

Les listings Falciani, on l'a compris, prennent une tournure politique, en cette fin d'année 2010. Éric de Montgolfier a été débranché. Le parquet de Paris, réputé beaucoup moins agressif, plus malléable, est saisi. Aucun juge d'instruction n'est encore désigné, le dossier reste en enquête préliminaire. Sous le seul contrôle du parquet, lui-même soumis hiérarchiquement à l'exécutif. Cela permet d'éviter les initiatives intempestives de magistrats indépendants. Il faudra attendre près de trois ans, le 23 avril 2013, pour qu'une information judiciaire soit enfin ouverte ! Que de temps perdu. Il est vrai que saisir un juge d'instruction, c'est aussi ouvrir le dossier aux avocats, favoriser les fuites, prendre le risque de voir l'affaire étalée en place publique, des fraudeurs potentiels épinglés. Certains noms sont sensibles. Proches du pouvoir en place. La douane judiciaire, qui a déjà préparé plusieurs perquisitions les visants, va même être incitée à plus de modération par des magistrats référents du parquet de Paris.

Après Roland Veillepeau, l'emblématique patron de la DNEF, exit l'impétueux procureur de Montgolfier. La justice a repris un cours « raisonnable »...

Escortés de la même réputation, celle d'aller vite et loin, les deux hommes avaient pactisé. A priori, le fisc est moins dangereux que la justice, au sens où ses investigations sont moins poussées, ses moyens moins importants. Surtout, ses objectifs sont différents. Si un compte n'est pas approvisionné, comme, au hasard, celui de Patrice de Maistre, le contrôleur fiscal ne cherchera pas forcément à investiguer plus avant. Le propre de Bercy, c'est de récupérer de l'argent. Là où la justice cherche à réprimer un délit en punissant les coupables, le fisc a, plus prosaïquement, pour seule vocation de faire entrer dans les caisses de l'État les fonds qui lui reviennent. Mais comme la justice ne peut être saisie de fraude fiscale que sur plainte de Bercy, on mesure mieux la nécessité de contrôler les deux entités...

C'est alors qu'un homme politique va se dresser, hors de toute polémique, et entreprendre une sorte d'enquête sur l'enquête. Afin d'étouffer les insinuations helvétiques. De secouer la justice hexagonale, aussi.

D'éviter que l'affaire ne soit complètement étouffée.

Le député socialiste Christian Eckert entre dans la danse.

À son tour de valser avec les dollars.

V

Le député

Qui connaît Christian Eckert ?

Personne. Enfin, presque.

Demandez au grand public le nom de ce colosse dont on aperçoit parfois l'imposante silhouette, comme ce 6 mars 2015, en marge d'un déplacement du président François Hollande au Luxembourg... Ce n'est pas lui faire injure que de poser la question. Rares sont ceux, hormis bien entendu ses collègues, ministres ou parlementaires, susceptibles de répondre. Sa réputation est excellente, mais peine à franchir le cénacle politique.

Dommage.

Car Christian Eckert gagne à être connu. Il est secrétaire d'État au Budget, depuis 2014, donc en charge des finances de la France. Il règne sur les douanes, le fisc, il occupe un poste clef, comme l'on dit. Agrégé de mathématiques, il aime les chiffres, sait les manier, les interpréter. Maire de Trieux, député de Meurthe-et-Moselle, amateur de bons vins et de mets délicats, c'est un homme courtois, calme et ferme. Ceux qui se laisseraient abuser par sa relative décontraction, son allure débonnaire, en seraient pour leurs frais.

Il est en éveil, constamment, politique jusqu'au bout de ses épaisses mains, malgré son apparition tardive dans le microcosme, puisqu'il a attendu juin 2007 et ses cinquante et un ans pour faire son entrée à l'Assemblée nationale.

C'est pourtant ce quasi-novice qui, un jour de décembre 2009, est choisi par Jean-Marc Ayrault, alors patron des députés socialistes, pour venir titiller Éric Woerth sur sa double casquette de trésorier de l'UMP et de ministre du Budget. « Je croise Jean-Marc Ayrault dans l'ascenseur, nous a confié Christian Eckert, le 9 mars 2015. Et il me dit : "Dis donc, Christian, tu as vu cette réunion avec Woerth et Sarkozy au Bristol, tu n'as pas envie de poser une question là-dessus ?" Quand on est jeune député, on saute sur l'occasion… »

La séance est mémorable. Le député attaque : « Monsieur le ministre des comptes publics, vous êtes censé combattre la fraude et l'évasion fiscale. Est-ce compatible avec votre fonction d'animateur du club des financeurs de l'UMP ? N'y a-t-il pas, sinon conflit d'intérêts, du moins confusion des genres ? » À l'époque, il ne fait pas bon s'en prendre au pouvoir sarkozyste. Et le député socialiste s'attire une réponse cassante : « Vous savez, les membres du gouvernement sont des responsables politiques, je ne sais pas ce que vous essayez de démontrer à travers votre question stupide… »

Grossière erreur d'Éric Woerth, encore nimbé de cette arrogance qui lui coûtera cher, au moins en termes d'image. Bronca dans l'hémicycle, les députés socialistes quittent leur siège. Quelques mois plus tard, l'affaire Bettencourt balaie tout sur son passage. En particulier la fonction de trésorier de l'UMP occupée par le ministre Woerth. Il doit l'abandonner, évidemment, à l'été 2010.

La question était loin d'être stupide, finalement…

« Woerth et moi, on a toujours été très adversaires, se rappelle Eckert. Il ne me regardait pas à l'époque, ne me serrait pas la main. » Le 6 juillet 2010, au palais Bourbon, Christian Eckert se fait un plaisir de rappeler, pour mieux les stigmatiser, « l'ironie et le mépris » manifestés par Éric Woerth sept mois plus tôt.

C'est donc ce député obstiné qui, en juin 2012, après l'élection de François Hollande, devient rapporteur général de la commission des finances, de l'économie générale et du contrôle budgétaire de l'Assemblée nationale. Et qui, illico, décide d'enquêter sur l'affaire HSBC et de lui consacrer un rapport d'information. Cette histoire l'intrigue. Il a le sentiment que tout n'a pas été dit, et que la représentation nationale a le droit de savoir. Ses pouvoirs le lui permettent, Bercy se doit de lui ouvrir tous ses placards, déterrer ses archives, ce qui n'est pas franchement dans la culture maison…

Seul le secret de l'instruction lui est opposable, pas le secret fiscal. Et même la DNEF doit s'y plier.

Du coup, Eckert décide de camper à Bercy, rencontre également à deux reprises Hervé Falciani, puis le procureur Éric de Montgolfier.

À cinquante-six ans, il rejoint Montgolfier, Veillepeau, Falciani, Margaux, ses nouveaux compagnons de route. Il va, lui aussi, en savoir trop.

Il est le maillon politique de cette chaîne citoyenne.

« J'avais un peu suivi l'affaire, se souvient-il. La question centrale était celle-ci : est-ce que des noms de fraudeurs avaient disparu des listings ? Et en posant cette question, je pensais évidemment à mes prédécesseurs. » Notamment à Éric Woerth, son meilleur ennemi.

Eckert a eu vent des récriminations helvétiques. Les Suisses, qui ont reçu deux copies des fichiers Falciani le 21 janvier 2010, sont formels. Dans un rapport du 25 août 2010, les magistrats suisses affirment que l'« un des deux fichiers a été modifié ». Le Ministère Public de la Confédération (MPC) le confirme d'ailleurs au *Monde*, en juillet 2012 : « Le ministère public a obtenu après plus d'une année, contrairement à la pratique en matière d'investigation criminelle, une simple copie des disques durs saisis, sans empreinte numérique permettant d'attester l'intégrité des données, déplore Jeannette Balmer, porte-parole du MPC. L'analyse du matériel par la police judiciaire fédérale a démontré que des données avaient été modifiées. »

Christian Eckert a une petite idée derrière la tête. Après tout, et si les Suisses avaient raison, et que certains noms aient disparu, fort opportunément ? Pour complaire au pouvoir sarkozyste, par exemple. Après tout, Éric de Montgolfier n'a-t-il pas vu la fiche de Jean-Charles Marchiani se volatiliser en pleine réunion avec Michèle Alliot-Marie, alors garde des Sceaux ?

Eckert se fait transmettre la liste HSBC par Bernard Cazeneuve, en place alors à Bercy. Il discute avec les fonctionnaires du Budget, hors la présence des ministres et des membres de cabinet, consulte les courriels échangés sur le dossier, les notes internes, y compris les plus confidentielles. Il compulse, griffonne, relève, archive…

Un travail à temps complet. « Dans une totale liberté », précise-t-il.

Christian Eckert veut aller vite, alors, il houspille ses administrateurs. Rédige à tout-va. Le résultat est un rapport exemplaire, déposé à la présidence de l'Assemblée le 10 juillet 2013, d'une précision rare, une véritable enquête journalistique en fait, et toujours d'actualité.

Avec le recul, le secrétaire d'État au Budget expose sa principale certitude : « Sur le plan fiscal, nous assure-t-il, nous avons fait notre travail. Il n'y a pas eu de noms qui auraient disparu, au titre d'intérêts politiques. Si le nom de Patrice de Maistre ne figure pas sur les listings utilisés par le fisc, par exemple, c'est tout simplement parce que son compte ne présentait pas de solde positif, et n'était donc pas intéressant. Sur le plan judiciaire, c'est une autre histoire… »

De fait, il y a bien eu une enquête sur le patrimoine de Patrice de Maistre.

Mais une enquête a minima.

Le jeudi 18 avril 2013, la section de recherches de la gendarmerie de Paris, mandatée par Michel Maes, vice-procureur de Paris, rend un rapport de synthèse sur « le cas » de Maistre.

Au terme de cet ultime procès-verbal, dans lequel les gendarmes passent au crible son imposant patrimoine, celui qui déclare comme profession « réviseur-comptable » est mis hors de cause en ces termes : « L'étude réalisée sur la période du 01/01/2005 au 31/12/2007 de ces différents comptes bancaires n'a révélé aucun mouvement semblant être lié à la banque HSBC PB de Genève. » L'enquête ne s'est pas intéressée à l'historique du compte, d'éventuelles sorties en liquide, de possibles « comptes-miroirs »... Du coup, les gendarmes concluaient, logiquement : « Le résultat des investigations et les informations bancaires issues de la base de données HSBC PB [...] ne permettent pas de mettre en évidence des opérations de nature à caractériser une infraction de droit commun. »

Patrice de Maistre se trouve ainsi blanchi. In extremis. En effet, le parquet, après avoir longtemps gardé sous le coude le dossier HSBC réduit à une simple enquête préliminaire, s'est enfin résolu à ouvrir une information judiciaire : l'affaire va être confiée, cinq jours après ce dernier rapport de synthèse, à des juges indépendants...

Si le fisc a travaillé avec une louable célérité, mobilisant tout le personnel possible de la Direction nationale de vérification des situations fiscales (DNVSF), soit des dizaines de fonctionnaires des impôts, il faudra donc attendre le 23 avril 2013, c'est-à-dire quatre ans après l'ouverture de l'enquête préliminaire à Nice, pour qu'un juge d'instruction soit enfin saisi d'une information judiciaire visant HSBC !

« Cela a été volontairement freiné, j'ai ce sentiment, sans en détenir les preuves... », assure Christian Eckert.

Ce « sentiment », justement, transparaît très clairement dans son rapport d'information. Et lors de la discussion en commission des finances, qui suit la présentation de son travail minutieux, certains de ses collègues s'en émeuvent. Comme Sandrine Mazetier, députée socialiste : « Il est logique que l'administration fiscale s'intéresse aux comptes HSBC créditeurs et pas aux autres, dit-elle, mais cela n'explique pas pourquoi la justice, elle, ne s'est pas intéressée aux comptes négatifs, lesquels supposent que de l'argent y a transité. » Même type de remarque d'Henri Emmanuelli, député socialiste mais aussi ancien secrétaire d'État au Budget : « Serait-il possible de demander à la garde des Sceaux pourquoi il a fallu tant de temps pour que la machine judiciaire se mette en branle ? » tonne-t-il.

Deux très bonnes questions, restées sans réponse. Aucune explication n'a jamais été donnée, de manière officielle.

Pour Christian Eckert, il n'existe guère de doute : « Il y a clairement eu une retenue politique. Ils ont dû mettre le pied sur le frein, car la justice avait plus de pouvoir d'investigation. » Elle aurait pu, par exemple, satisfaire les envies de perquisition de la douane judiciaire, se pencher un peu plus sur l'historique du compte de Patrice de Maistre, ou sur d'autres détenteurs d'avoirs nuls ou négatifs. Elle aurait pu, aussi, enquêter plus avant sur les dizaines de chargés de comptes, salariés par HSBC PB, détenteurs de millions d'euros. Sauf à supposer qu'ils étaient incroyablement compétents et donc extraordinairement bien payés par leur banque, une seule question s'impose : ces gestionnaires n'étaient-ils tout simplement pas des hommes de paille, des prête-noms, pour des personnalités désireuses de garder l'anonymat ? « Cela me paraît évident », estime aujourd'hui Christian Eckert.

Son rapport aura donc eu cet immense mérite, celui d'éclaircir les zones d'ombre, et de projeter la lumière sur des secteurs « oubliés » par les enquêteurs. Dans sa synthèse, Eckert enfonce le clou et suggère une piste de réflexion : « Sur le plan judiciaire, le rapporteur général s'étonne du dépaysement du dossier HSBC de Nice vers Paris à la fin de l'année 2010, à la demande semble-t-il des autorités nationales. Il s'interroge sur le délai constaté avant que le parquet de Paris n'ouvre fin avril 2013 une information judiciaire. »

Par « autorités nationales », faut-il penser à Claude Guéant, alors tout-puissant secrétaire général de l'Élysée, et à Patrick Ouart, conseiller justice de Nicolas Sarkozy ? Ces deux hommes constituaient la garde judiciaire du président de la République, ils étaient les démineurs d'affaires sensibles, parfaits experts dans l'art de circonscrire les incendies judiciaires ou au contraire d'exhumer des procédures explosives. Les ministres de la Justice d'alors, c'est-à-dire Michèle Alliot-Marie et son successeur, Michel Mercier (à compter de novembre 2010), n'ont jamais eu la liberté d'entreprendre quoi que ce soit.

Ils ne l'ont jamais réclamée, d'ailleurs...

Dans son rapport, Eckert y allait franchement : « Rien, ou presque, ne s'est passé sur le front judiciaire. Une telle inertie peut légitimement susciter des interrogations d'autant que la justice dispose de moyens d'investigation autrement plus puissants que ceux de l'administration fiscale. »

Par ailleurs, dans sa synthèse, le rapporteur général se montre très clair sur l'éventuelle manipulation des fichiers, dénoncée par les Suisses : « Le rapporteur général ne peut qu'infirmer l'affirmation que des contribuables auraient disparu. » Et il précise que l'administration fiscale lui a indiqué ceci : « Les données figurant sur les DVD-Rom transmis à la DNEF en décembre 2008 et celles extraites du disque dur de l'ordinateur [de Falciani] à l'issue de la perquisition étaient strictement identiques. » Reconstruites par deux circuits distincts – les spécialistes de la gendarmerie d'un côté, le fisc de l'autre –, les données correspondent en tous points. Sont identifiées au total 127 311 personnes, de toutes nationalités. Eckert chiffre à 5 milliards de dollars les avoirs des 2 846 clients français finalement ciblés par le fisc. Seuls six d'entre eux avaient déclaré leurs comptes suisses à Bercy, comme la loi les y oblige.

Pour parvenir à ce chiffre de 2 846 cibles françaises, le fisc a tout simplement ôté de la liste les doublons, les comptes à en-cours nuls ou négatifs, les Français installés en dehors de l'Hexagone… Donc, insiste le rapporteur général, « il est faux de soutenir que l'administration fiscale aurait effacé plus de 6 000 noms de cette liste ». Tant pis pour les conspirationnistes et autres complotistes. Même si, encore une fois, il aurait sans doute été souhaitable de s'intéresser aux comptes nuls et négatifs…

La conclusion du rapport est sans ambiguïté : cette affaire a mis en évidence, selon Eckert, « le mode de fonctionnement » de HSBC, « largement fondé sur le cloisonnement et la dissimulation ».

La France est la seule nation à avoir permis un travail d'enquête officiel d'une telle ampleur. Depuis la révélation de SwissLeaks, des dizaines de pays se sont rapprochés de Bercy, pour obtenir la liste de leurs exilés fiscaux. L'Administration leur transmet avec joie, d'autant que le Conseil d'État, le 19 avril 2010, a rejeté un recours de HSBC qui voulait bloquer ce mode de fonctionnement international.

HSBC peut légitimement s'inquiéter.

Christian Eckert a rempli son rôle. Et s'est même réconcilié, au passage, avec Éric Woerth. En commission des finances, celui-ci s'est réjoui de ce rapport « exhaustif », qui excluait en effet toute manipulation des listings. Et a insisté : « Cette liste n'a jamais été modifiée. Un ministre n'est pas une barbouze ! Nos relations diplomatiques avec la Suisse ont été atomisées et toutes les menaces que vous pouvez imaginer ont été proférées. Ces questions sont très dangereuses. Et l'on est traîné dans la boue parce que l'on s'est heurté à des gens dont l'argent est le seul moteur et qui feront tout pour se défendre. »

Très offensif, Éric Woerth.

Beaucoup moins convaincant quand il s'agit d'expliquer l'immobilisme judiciaire, mettant cela sur le compte de relations distendues entre le procureur Montgolfier et sa hiérarchie.

En tout cas, désormais, il salue Christian Eckert quand il le croise. Et celui-ci, beau joueur, se surprend même à le trouver, aujourd'hui, « pertinent » dans ses interventions. L'enquête de Christian Eckert aura décidément eu des conséquences inattendues.

Nous en sommes là, en juillet 2013. Les listings sont validés, la justice se met enfin au travail, les contrôles vont bon train, le rapport Eckert a donné une publicité bienvenue à cette histoire... Mais l'on demeure entre initiés. L'affaire ne prospère pas vraiment sur le plan médiatique, à part quelques articles, de temps à autre.

C'était compter sans elle.

Sans la Source.

VI

La Source

Une sonnerie de téléphone, un matin d'hiver.

Le premier contact avec la Source remonte au tout début du mois de janvier 2014. Un coup de fil un peu au hasard, au détour de notre enquête sur HSBC. L'une de ces lignes que l'on pose, en espérant, sans trop y croire, pêcher un « gros poisson », le genre de prise dont rêve tout journaliste. Nous avions le sentiment, à cette époque, de faire du surplace dans nos investigations, débutées près de cinq ans auparavant, déjà.

Des premiers articles, en 2009, puis quelques autres, les années suivantes, au fil de nos trouvailles, plutôt modestes il faut bien l'admettre, et de celles des confrères, de la justice niçoise, puis parisienne...

À l'été 2013, on a un peu le sentiment d'être dans une impasse. À l'arrêt. Nous cherchons à en savoir plus, nous rencontrons des politiques, mais aussi des enquêteurs, douaniers, gendarmes, policiers, magistrats... Il nous manque des éléments tangibles. Comme cette fameuse liste de noms, évidemment.

HSBC s'en tire plutôt bien, en fait.

Du côté de la direction de la banque, on croise les doigts, comme le démontrent les rapports du comité exécutif de HSBC, auxquels nous avons eu accès. On chiffre les pertes, froidement, entre hauts responsables, on utilise toutes les ficelles du lobbying pour éviter que l'épidémie ne se propage. Il ne faudrait pas que des noms sortent, que des fraudeurs soient pointés, que les pratiques inavouables de la banque attirent trop l'attention.

En fait, nous étions à la recherche d'une nouvelle source d'information, totalement fiable bien entendu, mais surtout bourrée de secrets à partager, et si possible peu farouche. Une sorte de Graal, un peu comme, dans *Moby Dick*, le capitaine Achab et sa baleine, pour rester dans la métaphore halieutique.

Recruter une source est un exercice délicat.

Cela demande beaucoup de doigté, prend un temps considérable, réclame une patience et une persévérance qui confinent parfois au stoïcisme. Il ne faut pas céder au découragement, du moins essayer, sachant que 99 % des tentatives d'approche sont vouées à l'échec. Mais l'on tente le coup, toujours, mû par l'espoir (un peu) et l'habitude (beaucoup).

Après tout, le Watergate, ce n'est pas réservé aux autres.

On avait réussi à se procurer le numéro de téléphone professionnel d'une personne dont nous pressentions qu'elle serait susceptible de nous permettre d'avancer. On l'a vu dans les chapitres précédents, nombre d'enquêteurs, hommes politiques, fonctionnaires, ont eu à connaître ce dossier, ont pu consulter les listings, ils ont multiplié les rapports, adressé quantité de mails... Il devait nécessairement exister quelqu'un de bien disposé à notre égard. Mais le secret restait total, donc nous ne nourrissions pas d'illusions excessives. Le numéro de cette personne était-il toujours valable ? Était-elle vraiment détentrice d'informations importantes ? Surtout, quel intérêt aurait-elle à nous parler ?

Curieusement, l'accueil fut encourageant. Au bout du fil, une voix, empreinte d'assurance mais aussi de cordialité. La piste était peut-être bonne, après tout...

En tout cas, nous avions la certitude que cette personne, recherchée sans vraiment l'être, pouvait éclairer nos investigations. On sent, l'expérience aidant, quand un contact semble à haut potentiel, désireux de s'ouvrir. Cette personne, forcément, en savait beaucoup sur le monde de la finance internationale, ses modes, ses ruses. On réussit à la convaincre de nous donner son numéro de portable, sésame indispensable à toute enquête.

La conversation fut plutôt brève : la source éventuelle se méfiait du téléphone, et à vrai dire nous étions plutôt mal placés pour lui donner tort !

La presse s'était fait l'écho ces dernières années de nos mésaventures. Il est en effet établi qu'à plusieurs reprises, nos communications ont été interceptées par des magistrats ou des policiers, la plupart du temps proches de la Sarkozie... Notre cas ne s'est pas vraiment amélioré au cours de l'année 2014, puisque nous avons été successivement menacés de mort, suivis et espionnés dans nos déplacements, désignés à la vindicte publique comme « collabos » du pouvoir socialiste, avant que nos rendez-vous professionnels soient dénoncés à la une de *Valeurs actuelles*, une « revue » qui fait office de passerelle entre la droite et l'extrême droite ! Méthode déplorable mais efficace : certaines sources ne nous répondent plus, désormais. Par ailleurs, plusieurs personnes, dont des députés et même le bâtonnier de Paris, ont déposé plainte contre nous, entre autres pour violation du secret de l'instruction et recel. Secret auquel nous ne sommes pas soumis, en tant que journalistes, mais peu importe : là encore, ce type de méthodes a pour conséquences d'effaroucher les sources. Ces plaintes ne sont pas faites pour aboutir – de fait, elles ne donnent jamais rien, ou presque –, mais pour intimider.

Pour faire bonne mesure, nous voilà désormais escortés par des policiers du service de la protection (SDLP), on n'a rien demandé, bien sûr, mais les menaces sont réelles. Au journal, nous avons reçu des courriers avec des balles, des substances explosives, à nos domiciles, des lettres très précises visant aussi nos proches, un cercueil...

En somme, dans ce contexte, conserver et a fortiori recruter des sources relève désormais du miracle.

En tout cas, la personne que nous avions en ligne ce matin-là était prête à prendre le risque de nous rencontrer physiquement. Sans pouvoir nous promettre quoi que ce soit, précisa-t-elle. Qu'importe, le contact semblait bien établi, la belle prise potentielle était ferrée. Seul souci : la source éventuelle n'était pas, pour l'heure, à Paris. Il fallait donc se déplacer. Loin. Et là se posa inévitablement « la » question. Y aller ? Ou pas.

Surmonter sa paresse naturelle, ou laisser tomber. Se bouger ou se contenter de ses acquis.

La plupart du temps, les rendez-vous de ce type promettent beaucoup, mais déçoivent encore plus, et l'on regrette amèrement d'avoir perdu du temps, en se jurant ne plus tomber dans le panneau, qu'on ne nous y reprendra plus. Jusqu'à la fois prochaine. Un peu comme les accros au Loto, qui ne peuvent s'empêcher de rejouer en sachant pertinemment n'avoir quasiment aucune chance de gagner. Les policiers appellent cela « fermer une porte », cette volonté d'examiner chaque hypothèse, de vérifier toutes les pistes, même les plus fantaisistes.

Alors, sans grande conviction, on s'est résolus à faire le voyage. On a pris l'avion, puis le taxi. Un peu contraints, il faut bien l'avouer, car on s'apprêtait justement à publier de nouvelles informations sur l'affaire HSBC, on était pressés, un peu stressés... Nous avions en effet récupéré pendant les fêtes de fin d'année des éléments issus de la procédure judiciaire, et obtenu à cette occasion une première liste : celle des contribuables français dont les dossiers étaient examinés par les gendarmes, eux-mêmes mandatés par les juges d'instruction parisiens en charge du dossier. Mais les renseignements glanés, s'ils étaient très précieux, nous semblaient parcellaires, très insuffisants pour comprendre l'ensemble du système.

Alors, on espérait que notre possible source nous permettrait de compléter le puzzle, à tout le moins nous fournirait quelques pièces manquantes.

La première rencontre a eu lieu dans un restaurant discret. Ce jour-là, au détour d'un repas plutôt simple, un semblant de relation s'est établi. En deux heures, on s'est jaugés, mutuellement. Peut-être notre future source a-t-elle décelé en nous les assoiffés d'information, les épris d'éthique, voire les non-conformistes. Ou les trois à la fois. Dans tous les cas, on a eu le sentiment de pouvoir créer un lien intéressant.

Ce déjeuner constitua un point de départ plutôt prometteur, tant la personne que nous avions en face de nous semblait remplir tous les critères de la bonne source : une mine d'informations à la fois fiable et exclusive. On en apprit beaucoup sur les pratiques de certaines banques en matière de blanchiment, les enquêtes en cours, passées, à venir… Et puis, certaines des informations que nous nous apprêtions à publier étaient confirmées, nos intuitions confortées…

Nous repartîmes convaincus du sérieux de la source et, surtout, de son potentiel inexploité. Nous avions convenu de nous revoir. Alors on s'est dit sur le chemin du retour que, cette source, il allait falloir lui trouver un surnom.

On donne toujours des surnoms à nos principaux interlocuteurs.

Parfois stupides (« Steak »), souvent incompréhensibles (« Perp »)... Là, on n'avait pas trop d'idées, alors on a fait simple. Un clin d'œil en forme d'hommage. On a pensé à notre film de chevet, *Les Hommes du Président*, qui a fait passer l'informateur des journalistes du *Washington Post* à la postérité, avec ce surnom inoubliable, Deep Throat (Gorge profonde), référence amusante à un film pornographique emblématique des années 1970. Et comme « Gorge profonde », c'était déjà pris et quand même un peu long, on s'est rabattus sur les initiales, « GP ». Pas très original ? Non, en effet, mais facile à retenir !

Et puis, ça sonne bien, « Gépé ».

Nous devinions que GP avait bien plus à offrir. Mais il était resté sur une certaine réserve, lors de cette première conversation, comme s'il fallait encore l'amadouer, le convaincre, donner des gages... Cette façon d'éluder certaines questions, de répondre parfois par sous-entendus, ces petits sourires en coin...

Bref, le sentiment diffus que nous devions faire nos preuves.

Mais comment ?

La réponse n'allait pas tarder. Nous allions en fait l'apporter nous-mêmes, sans en avoir conscience, du moins sur le coup.

Trois semaines plus tard environ, nous publions deux pages dans *Le Monde* racontant la vraie histoire des listings HSBC, sous le titre : « Évasion fiscale : l'enquête explosive sur les listes de HSBC ». Voici comment débutait l'article principal, publié dans l'édition datée du mardi 28 janvier 2014 : « Un roman d'espionnage, une foire d'empoigne diplomatique, et surtout un bon moyen pour l'État français de se renflouer. L'affaire HSBC, c'est tout cela, et plus encore, avec son lot d'interventions, de pressions, d'immixtions du pouvoir politique. Car de grands noms, avocats, hommes d'affaires, vedettes du showbiz, sont cachés dans cette liste d'évadés fiscaux potentiels, titulaires d'un compte chez la filiale suisse de la banque britannique HSBC à Genève. Certains sont aujourd'hui révélés par *Le Monde,* d'autres en cours d'investigation. »

Lorsque nous avions récupéré, quelques semaines plus tôt, la liste des contribuables français de HSBC, il avait fallu décider, en concertation avec la direction de la rédaction, de la ligne de conduite à tenir. L'unanimité se fit assez rapidement sur le modus operandi. Hors de question, bien entendu, de faire du *name dropping*, à savoir publier un maximum de noms juste pour faire du buzz. En même temps, il aurait été tout aussi aberrant de ne citer personne. Au nom de quoi ? Frauder le fisc, on ne le répétera jamais assez, est un délit. Et, de toute façon, expliquer pourquoi une personnalité a choisi de placer son argent en Suisse est une information, au sens premier du terme. Quand bien même elle aurait régularisé sa situation entre-temps.

On décida donc d'évoquer les noms de personnalités dont la présence sur ce listing avait du sens et dont la révélation nous semblait d'intérêt public. Il n'était évidemment pas question de stigmatiser qui que ce soit, d'autant que nous étions en présence de cas disparates. Comment comparer celui du footballeur Christian Karembeu, résident suisse à l'époque des faits et donc autorisé à avoir un compte à HSBC Private Bank, avec ces nombreuses personnes de confession juive dont les parents, fuyant les persécutions nazies, avaient placé leurs avoirs à l'abri, ou encore avec ces protagonistes de l'affaire Elf (André Tarallo, Alfred Sirven, André Guelfi...), dont la justice avait mis au jour les malversations financières ?

La présence de tous avait du sens, mais pas le même pour chacun...

Au cours de la première semaine du mois de février 2014, quelques jours après la parution de la double page dédiée à l'affaire HSBC, en toute fin d'après-midi, alors que nous étions – miraculeusement – tous les deux au journal, presque désert à cette heure-là, nous recevons un appel.

Au bout du fil, GP !

Il nous explique qu'il n'est pas loin du boulevard Blanqui, siège du *Monde*, dans le XIIIe arrondissement de Paris, et se propose de passer nous voir. Intrigués, nous descendons accueillir notre hôte. Que fait GP à Paris ? Notre source ne peut pas être venue ici par hasard... On s'installe au cinquième étage, dans un recoin qui nous sert de bureau, encombré d'un fatras de documents, confidentiels ou pas, de livres que nous comptons bien lire dès que nous aurons un petit peu de temps (c'est-à-dire jamais), d'assignations en justice, de lettres de lecteurs, courroucés ou non...

La Source semble un peu essoufflée, elle a traversé Paris à pied, histoire de prendre l'air. De déjouer d'éventuelles filatures, aussi. On a à peine le temps d'échanger quelques banalités d'usage que GP, sans qu'on lui demande quoi que ce soit, sort de sa poche un petit objet, qu'il pose négligemment devant nous, sur une pile de vieux exemplaires de *L'Équipe*...

C'est une clef USB, minuscule, de couleur rouge. On se regarde à la dérobée, légèrement décontenancés. Lors de notre première rencontre, on avait bien tenté notre chance, évidemment. On avait demandé à GP s'il était possible d'obtenir des documents, des dossiers, des notes, quelque chose de concret. Afin d'être le plus rigoureux possible, avait-on plaidé.

En vain.

Il nous avait gentiment envoyés balader. On avait bien compris qu'il était inutile d'insister. Et là, en cette fin d'après-midi, GP débarquait, sans prévenir, avec une clef USB. C'est bon signe, les clefs USB. En général, elles renferment des documents. Nous aimons bien travailler sur la base de documents, cela rassure les angoissés chroniques que nous sommes.

Sans attendre, nous insérons la clef USB dans l'un de nos vieux ordinateurs, sous le regard approbateur de GP. Ronronnement du moteur. Apparition de l'icône sur l'écran. On clique deux fois sur un dossier.

Et nous voyons défiler, sous nos yeux ébahis, une masse de données hallucinante. Des patronymes, des adresses, des numéros de comptes…

En fait, l'intégralité des listings HSBC.

Des dizaines de pays.

Près de cent dix mille noms de fraudeurs potentiels.

Leurs échanges secrets avec leurs gestionnaires de comptes chez HSBC, consignés par écrit. Des dizaines de milliards de dollars en jeu.

Achab tenait sa baleine.

À vrai dire, on a du mal à y croire. Alors, on propose à GP d'aller prendre un verre. On a besoin de comprendre.

Il nous a expliqué sa démarche, calmement. Il nous a dit qu'il était l'un de nos fidèles lecteurs, depuis des années, qu'il appréciait notre travail d'investigation en général. Certes, nous ne sommes pas les seuls sur la place de Paris. Mais en France, *Le Monde* reste le journal de référence. Et il avait particulièrement aimé les différents articles que nous avions consacrés à l'histoire HSBC, le 28 janvier. Il avait le sentiment, nous a-t-il dit, d'avoir affaire à des professionnels en qui il pouvait avoir confiance. Mais d'après lui, nous n'avions eu accès qu'à la partie émergée du scandale, et il voulait nous donner maintenant les moyens d'obtenir le reste. De faire « sauter tout le système », pour reprendre son expression. Il nous avait testés en fait, nous avions eu le courage de publier des noms de fraudeurs potentiels, d'exposer un système, donc de prendre des risques, sans commettre d'erreurs.

Sans le savoir, nous avions donc convaincu notre source de nous confier ce trésor, dont nous ignorions même qu'il fût en sa possession !

Ce fameux jour de grâce journalistique, on remercie chaudement GP. Mais franchement, on n'en mène pas large. On vient de travailler sur près de 3 000 noms français, frôlant déjà le burn-out. Comment se pencher sur ces plus de deux cents pays ? Cette clef USB a tout du cadeau empoisonné.

On est au bord d'un gouffre – avec quand même une très forte envie d'y plonger.

GP est reparti aussi soudainement qu'il était apparu, nous laissant avec nos interrogations. Nous sommes à la fois excités et paralysés, submergés par cette masse d'informations qui nous tombe dessus brutalement. Mais ce n'est plus le problème de notre source.

On a de l'admiration pour elle. Elle a risqué sa réputation, sa carrière, sa vie peut-être, pour faire triompher la vérité. Un « lanceur d'alerte », comme on dit aujourd'hui. On l'a revue, bien sûr. GP ne nous a jamais fait faux bond, ni induits en erreur. Relation claire, sans contrepartie. Notamment financière, bien entendu.

C'est une évidence pour nous, mais on ne se lassera jamais de le rappeler : il est tout simplement inconcevable de rémunérer une source. Payer, ne serait-ce qu'un euro, pour obtenir une information, aussi potentiellement explosive soit-elle, est totalement proscrit.

La seule chose que nous promettons à nos informateurs, c'est de protéger leur anonymat. La source à l'origine de SwissLeaks restera réduite à ces deux initiales, GP. À moins bien sûr qu'un jour elle ne le souhaite, son nom ne sera jamais dévoilé.

Mais cette personne-là vaut 180 milliards d'euros.

Grâce à elle, même la Suisse, dans un hara-kiri politique stupéfiant, a ouvert une enquête sur ses propres pratiques bancaires.

Du jamais-vu. GP peut être satisfait, on a rempli notre part du contrat.

Le système a bien implosé.

Grâce, aussi, à un collectif de reporters internationaux, tendus vers un même objectif et patronnés par un journaliste expérimenté.

Grâce à Gerard Ryle.

VII

Le journaliste

Sacré bonhomme.

Mi-baroudeur, mi-séducteur, bourru juste comme il faut, il passe son temps dans les avions, jongle avec les décalages horaires. Il est précédé d'une réputation de fouineur rigoureux, affiche une trajectoire plutôt atypique et parle un anglais parfois ardu à décrypter, du fait d'un accent vraiment escarpé, à l'image de son parcours : né en Irlande du Nord, Gerard Ryle a fait la majeure partie de sa carrière d'enquêteur en Australie, où il a notamment sorti une grosse affaire, le dossier « Firepower », mettant en cause le gouvernement, avant de s'installer aux États-Unis.

Avec ses cheveux en pétard et son petit sourire en coin, Ryle est un personnage fort de l'affaire SwissLeaks, l'un de ces huit hommes et femmes sans qui rien ne serait arrivé.

Il est un passeur d'informations.

Un lanceur d'alertes, au pluriel, un professionnel du scoop.

C'est en effet ce quinquagénaire grisonnant, journaliste reconnu, aidé de sa petite équipe basée à Washington DC, qui a donné à notre enquête son envergure mondiale.

Fin 2008, au début de l'affaire HSBC, rien ne destinait pourtant Ryle à se pencher sur les secrets inavouables de la banque britannique. Il en était même très loin, ne serait-ce que géographiquement. À l'époque, Ryle est en effet un journaliste vedette en Australie. Un investigateur redouté, qui déterre donc à intervalles réguliers de beaux scandales. Mais Ryle commence à fatiguer. Trop d'ennuis, de frustrations, de menaces juridiques... Les lois australiennes sont très contraignantes.

Excessivement.

Du moins aux yeux de Ryle, qui ne supporte plus de devoir faire passer à la trappe des informations exclusives sur des sujets sensibles.

Alors, en 2011, il met le cap sur l'Amérique, temple, du moins l'imagine-t-il, de la liberté d'expression. L'aventure est d'autant plus excitante qu'il prend la tête d'un consortium de journalistes d'investigation. L'ICIJ, pour International Consortium of Investigative Journalists, une structure souple, dotée d'un budget de un million de dollars.

À Washington, Ryle, qui se départit rarement de son sérieux et porte beau la cravate quand les circonstances l'exigent, mène ses troupes avec un mélange de fermeté et de diplomatie, dissimule avec brio son stress... Clairement, notre anti-portrait. Le soir, il retrouve sa maisonnette du quartier *hype* de Georgetown, sa femme, son chat. Non, décidément, nous n'étions absolument pas faits pour nous rencontrer, et encore moins pour travailler ensemble.

Et pourtant.

En ce mois de février 2014, nous traversons une drôle de période. La visite impromptue de GP, source d'élite, nous a en fait déstabilisés. La minuscule clef USB qu'il nous a confiée pèse d'un poids insoupçonné. D'abord, on ne sait pas trop quoi en faire. La mettre à l'abri ? Oui, mais elle doit rester facilement accessible pour pouvoir travailler sur son contenu. En faire un, voire plusieurs doubles ? Ce serait plus prudent, mais en même temps, chaque copie décuple les possibilités de se la faire voler, ou tout simplement de la perdre. On tergiverse, un peu, beaucoup. On décide finalement de ne pas la dupliquer, en tout cas pas tout de suite, cela nous paraît moins risqué. On la gardera alternativement l'un et l'autre, chacun la laissant en permanence dans une poche de son pantalon. Toujours sur nous, donc.

Choix stupide, évidemment.

Quelques jours plus tard, l'un de nous rentrera en catastrophe chez lui, en fin de matinée, se souvenant brusquement avoir mis son jean dans le panier de linge sale, la veille au soir. Sans retirer la clef de la poche, bien entendu. Retour à l'appartement, cœur battant, des injures adressées à soi-même plein la tête. Puis l'effroi, en découvrant le panier vide, et le linge dans le tambour… Et l'indicible soulagement, en constatant que la machine n'avait pas encore été mise en route.

À quoi a tenu SwissLeaks, quand même…

Un peu honteux, l'étourdi n'osera raconter l'anecdote à son comparse que quelques mois plus tard, mais décidera dès le lendemain de faire une copie sur une autre clef USB ! Désormais, chacun aurait la sienne, ça limiterait considérablement les risques.

Les données mises à l'abri, il faut bien se décider à en commencer l'expertise. Avec une interrogation en tête, avant même d'envisager des investigations sur le fond : les listings sont-ils authentiques ? Bien sûr, nous avons totalement confiance en notre source. Et puis, GP n'a objectivement aucun intérêt à nous piéger, on en est certains. Mais tout cela ne suffit pas. Nous vivons depuis le début de notre carrière dans la hantise absolue de la sortie de route. L'erreur majeure, la casserole que l'on traîne toute sa vie. Le pire en la matière étant sans doute de donner du crédit à un faux document.

Le cauchemar absolu.

Le journalisme d'enquête, c'est à la fois une prise de risques permanente, mais aussi l'art de les limiter au maximum. De l'équilibrisme, ou plutôt du funambulisme, car tout écart peut se révéler fatal. Et ce savoir-faire, il ne s'enseigne pas dans les manuels de journalisme. D'ailleurs, il ne s'apprend pas. Ou alors sur le tas, mélange d'expérience et d'intuition…

Du coup, on applique une règle très simple : dans le doute, on s'abstient de publier. Un principe de précaution qui nous a coûté quelques beaux scoops. Peut-être péchons-nous, parfois, par excès de prudence.

De surcroît, ces listes de détenteurs de comptes non déclarés font remonter à la surface une sombre histoire, cette affaire Clearstream dans laquelle, une décennie plus tôt, une partie de la presse s'était fourvoyée pour avoir pris pour argent comptant – c'est le cas de le dire – des listings dont il apparut plus tard qu'ils avaient été sciemment truqués. De nombreuses personnalités avaient ainsi été créditées à tort d'avoirs occultes dissimulés avec la complicité active d'une chambre de compensation luxembourgeoise. La manipulation, qui brisa net la carrière politique de Dominique de Villepin, suspecté d'avoir tenté d'exploiter l'affaire pour éliminer son rival Nicolas Sarkozy, faillit même ruiner celle du célèbre juge Renaud Van Ruymbeke, tout près de se faire piéger. Le même magistrat qui se retrouverait, presque dix ans plus tard, en charge, du moins à son début, du dossier... HSBC !

Bref, nous sommes déterminés à redoubler de vigilance avec ces listes de noms qui nous brûlent les mains. Ou plutôt les yeux. Car prendre connaissance d'une telle quantité de données sur l'écran d'un ordinateur est pour le moins inconfortable. Nous y passons quelques nuits. On prend aussi l'initiative de les éditer sur papier. Funeste erreur : l'une des imprimantes du journal n'y résiste pas ! Nous n'avions pas mesuré l'ampleur, dans tous les sens du terme, des informations contenues dans la clef USB...

On décide alors de se replonger dans nos autres enquêtes, un peu comme on met la poussière sous le tapis. Les données informatisées en lieu sûr, l'actualité reprend ses droits. Les écoutes de Nicolas Sarkozy, le Kazakhgate, l'affaire Tapie, Bygmalion, sans compter un livre consacré à ces affaires-là, que nous envisageons de publier à la rentrée 2014... Nous sommes très occupés. Trop pour analyser sérieusement le contenu de la clef.

L'affaire aurait pu en rester là.

Personne n'aurait jamais entendu parler de SwissLeaks.

Mais la petite clef rouge continue de nous hanter. Et puis, la rédaction en chef du *Monde*, à qui l'on avait annoncé avoir récupéré « du lourd » sur le dossier HSBC, va finir par nous demander... des comptes !

Il fallait, comme souvent, que l'un de nous deux prenne les choses en main. Il y en a toujours un pour remonter l'autre, le tempérer, le corriger, l'encourager. Ou le motiver. Alors, comme à chaque moment critique, une réunion de crise fut organisée dans notre QG. La Rotonde. Une brasserie de Montparnasse où l'on a nos habitudes.

Devant une côte de bœuf hypertrophiée, et tout en déplorant une énième fois que les frites ne soient pas vraiment « maison », nous prenons une décision : nous allons expertiser tous les documents liés à la France, que nous connaissions déjà pour partie grâce à l'enquête judiciaire à laquelle nous avions eu accès. Nous tâcherons aussi grâce à nos sources d'authentifier, dans la mesure du possible, l'ensemble des documents contenus dans la clef USB. Et l'on essaiera enfin de trouver une solution au journal, en interne, afin d'enquêter sur le très gros morceau : les listings internationaux.

Cette dernière idée se révèle très vite beaucoup moins bonne que la côte de bœuf. Avec la rédaction en chef, il convient de se rendre rapidement à l'évidence : trop d'informations, pas assez de correspondants à l'étranger, le personnel manque, parfois l'envie aussi...

Nous voilà presque revenus au point de départ.

Seule éclaircie : en activant nos différents réseaux, judiciaires, policiers, fiscaux, politiques et autres, nous sommes parvenus, au moins par recoupements, à acquérir la conviction que les listings correspondent en tout point à ceux élaborés par l'administration fiscale française, sur la base des données subtilisées chez HSBC par Hervé Falciani.

Notre source ne nous a pas menti, ni piégés. Réconfortant.

Et encourageant.

Reste tout de même à résoudre la difficulté principale : comment exploiter les données sur un plan mondial ?

Pour sortir de l'impasse, la direction du journal nous soumet alors une idée : pourquoi ne pas faire appel à l'ICIJ, cette organisation américaine à but non lucratif avec laquelle plusieurs de nos collègues du *Monde* ont travaillé avec succès, les mois précédents, dans le cadre des opérations « Offshore Leaks » (concernant les paradis fiscaux) puis « LuxLeaks » (portant sur l'optimisation fiscale au Luxembourg) ?

Soyons francs, de prime abord, la suggestion ne nous enchante pas. Elle nous déplaît même carrément ! Nous n'avons absolument rien a priori contre l'ICIJ. Mais enfin, tout de même, voilà que l'on nous recommande d'offrir nos données à d'autres médias alors que, par nature, notre fonction est de publier des informations exclusives... Dans le cas d'Offshore Leaks comme dans celui de LuxLeaks, les choses s'étaient passées très différemment, puisque c'est l'ICIJ qui avait proposé au *Monde* (ainsi qu'à de nombreux autres médias) les informations que le consortium avait lui-même obtenues.

Il faut le rappeler : nous œuvrons dans le secteur le plus concurrentiel de la presse ; tout au long de l'année, le but, l'obsession même, est d'être les premiers à révéler telle ou telle information, en espérant qu'elle rencontrera le plus large écho possible. On appelle ça des scoops, et c'est juste notre raison de vivre. Le nier serait totalement hypocrite.

Bien sûr, on avancera, à juste titre d'ailleurs, que les journalistes d'enquête, voués à mettre au jour des faits d'intérêt général, remplissent une mission d'utilité publique. Et qu'il n'y aurait rien de choquant à ce qu'ils unissent leurs efforts. Certes.

Mais ce sont aussi des compétiteurs, grisés par l'émulation, des chasseurs à la recherche des plus beaux trophées. Leurs employeurs ne s'y trompent pas, eux qui les recrutent en espérant ainsi augmenter la visibilité de leur média, et donc leur prospérité. Rien de choquant à cela, au contraire. De ce point de vue, la rédaction d'un média ressemble un peu à une équipe de football : même s'il s'agit d'un sport collectif, le bon avant-centre se doit d'être un peu égoïste et de penser à marquer le plus de buts possible. Dans l'intérêt de l'équipe. Et nous sommes deux avants-centres.

Spontanément, nous sommes réticents à l'idée de collaborer avec l'ICIJ – et avec qui que ce soit d'autre d'ailleurs. Nous prenons un peu de temps pour examiner la suggestion de notre hiérarchie, qui a la délicatesse de ne rien nous imposer – elle a appris à nous connaître ! Par ailleurs, nous sommes évidemment maîtres de nos informations.

On cogite, pas mal, avant de se rendre à l'évidence.

L'ICIJ jouit vraiment d'une excellente réputation. Et puis, on tient là une occasion unique d'expérimenter une nouvelle façon de travailler, de mener une enquête internationale sans précédent. Enfin, ce petit travail introspectif nous a contraints à une remise en cause aussi inattendue que salutaire : déformation professionnelle oblige, n'avons-nous pas, au fil des ans, oublié l'essentiel ? Ne sommes-nous pas devenus obnubilés par la concurrence, aveuglés par cette stérile course à l'info, enivrés par le parfum entêtant et éphémère du scoop ?

Se poser ce genre de questions, c'est déjà y répondre.

Au grand soulagement de la direction de la rédaction, nous acceptons donc d'entamer des discussions avec l'ICIJ. Pas question, évidemment, d'accorder un blanc-seing à des personnes que nous ne connaissons absolument pas. Il nous faut voir, « sentir » ces gens, avant toute entente préalable. Nous fonctionnons beaucoup au feeling, et pour cela, rien ne vaut le contact direct. De toute façon, il est exclu de discuter en détail de cette affaire au téléphone...

Quelques semaines plus tard, au mois de mai 2014, nous voici donc aux États-Unis. La clef USB, cachée dans une trousse de toilette, est sécurisée, cryptée. Le printemps, à Washington, c'est la meilleure période, petit air frais, soleil...

Nous grimpons au deuxième étage d'un building situé sur la 17e rue, à quelques encablures de la Maison-Blanche. K Street, la rue des lobbyistes, est à deux pas. Les *foodtrucks* sont alignés sur la place, en contrebas. Le décor est bien fidèle à la série *House of Cards*.

Nous savons être attendus avec impatience. En bon traqueur d'infos, le patron de l'ICIJ, Gerard Ryle, rapidement briefé par téléphone, a immédiatement détecté la bonne histoire. D'autant que pour charmer ses mécènes, et récolter de l'argent afin de financer ses futures initiatives, il a besoin de frapper un grand coup.

C'est d'ailleurs lui qui nous accueille, chaleureusement. Les murs de son bureau sont tapissés des diplômes, prix et autres distinctions accumulées au cours de sa carrière. Impressionnant.

Très *show-off*, à l'américaine.

Ryle nous présente rapidement les membres de sa petite équipe. Une authentique tour de Babel du journalisme. Il y a là l'adjointe du patron, Marina, de nationalité argentine, absolument charmante, cousine lointaine de Che Guevara. Will, un Australien, efficace et polyglotte. Mar, elle, est espagnole. Une pile électrique. Sans oublier ce jeune Costaricain, né un clavier d'ordinateur au bout des doigts, le sourire aux lèvres en permanence, que l'on baptise immédiatement « Smiling Man » – on ne donne pas de surnoms qu'à nos sources.

On aurait tout aussi bien pu l'appeler « Data Man », mais le pseudo est déjà pris : on l'a attribué à Alexandre Léchenet, un collègue du monde.fr spécialisé dans le traitement des données, ce qu'on appelle le *data journalism*. Il a fait le voyage dans la capitale fédérale avec nous. Car avant que nous traversions l'Atlantique, la direction de la rédaction du *Monde*, qui a désormais pris la mesure de l'affaire, a mis sur pied une *task force* au sein de la rédaction. Il s'agit d'une petite cellule qui va travailler avec nous sur l'opération. Outre « Data Man », elle est composée de Simon Piel, enquêteur au service société (deux surnoms pour lui, heureux homme, « Padawan » et « le Bubar », double référence à sa jeunesse impatiente et à son bouc), Serge Michel, d'origine helvétique, baptisé pour l'occasion « le compte suisse » du fait de ses fréquents allers-retours entre Paris et Genève, et son homonyme Anne Michel, remarquable enquêtrice du service économie – mais qui attend toujours son surnom.

Les tâches sont réparties ainsi : Alexandre Léchenet essaiera d'ordonner les milliards d'informations contenues dans notre clef. Anne Michel et Simon Piel se concentreront sur les possesseurs de comptes eux-mêmes et les arcanes du système financier, Serge Michel coordonnera les investigations avec l'ICIJ et nos confrères étrangers.

Quant à nous, on s'occupera du reste, ce qui fait encore beaucoup de travail !

Dans une ambiance très studieuse, nous allons examiner avec l'ICIJ, plusieurs jours durant, les conditions d'une éventuelle collaboration. Malgré notre anglais pour le moins approximatif, le courant va immédiatement passer. Venus d'horizons divers, les journalistes de l'ICIJ ont plusieurs qualités communes, essentielles. D'abord, ils sont terriblement sympathiques. Ensuite, ils affichent une grande humilité. Enfin, et c'est tout de même le plus important, ils font preuve d'un professionnalisme total.

Rigueur extrême, traque de la moindre faille, souci de la perfection… Le journalisme à l'anglo-saxonne, les faits avant tout, les commentaires ensuite.

Nos éventuels doutes sont rapidement levés.

D'autant que nous avons la même vision du mode opératoire. Il est par exemple hors de question de publier tous les noms figurant sur les listings. Toute personne citée devra être représentative, remplir les critères correspondant à ce qu'on appelle « l'intérêt général ». Les noms choisis devront faire sens. Et chaque personne devra avoir été contactée préalablement, afin de pouvoir s'exprimer.

Il est convenu de laisser à nos nouveaux amis de l'ICIJ une copie de toutes les informations contenues dans notre clef USB, charge à eux d'en effectuer un traitement initial. Premier serrement de cœur, et légère émotion collective, quand les listings s'affichent subitement sur un écran, dans la salle de réunion. Nos données nous échappent, mais elles électrisent l'atmosphère. L'excitation se lit dans le regard de nos hôtes.

Le consortium s'engage aussi à solliciter, dans un second temps, et dans le plus de pays possible, des médias partenaires, chacun devant mener, sur la base d'un listing partiel qui lui sera fourni par l'ICIJ, les investigations relatives à son pays.

Condition impérative et non négociable : *Le Monde*, bien entendu, reste maître d'œuvre de l'opération. Impossible par exemple de travailler avec un média que nous n'aurions pas adoubé. Il est inenvisageable que nos données tombent entre n'importe quelles mains.

Mais nous ne sommes pas inquiets. Avec l'ICIJ, nous partageons les mêmes sentiments, entre crainte et ivresse, réticences et convictions. L'accord est donc scellé, autour de quelques bières, par une bonne poignée de mains. Et aussi, car on n'est jamais trop prudent, par un protocole d'entente en bonne et due forme. Dans le jargon, un MoU (memorandum of understanding). L'ICIJ propose de donner un nom de code provisoire à l'opération : leur choix se porte sur

« Voyager », en référence à la série Star Trek. Surtout, il est décidé que, désormais, tous les journalistes participants, disséminés sur toutes les parties du globe, communiqueront via un forum intranet crypté.

Au total, l'opération mobilisera 154 journalistes issus de 47 pays et de plusieurs dizaines de médias (*L'Espresso* en Italie, *La Nación* en Argentine, La Sexta TV en Espagne, *Le Matin Dimanche* ou *Le Temps* en Suisse, *Le Soir* en Belgique, *Politiken* au Danemark, *Süddeutsche Zeitung* en Allemagne, *Abidjan Live News* en Côte d'Ivoire, Sveriges Radio en Suède, *The Indian Express* en Inde, *El-Watan* en Algérie, *Asahi Shimbun* au Japon, *The Irish Times* en Irlande, Radio Canada... liste non exhaustive) !

Reste un point extrêmement délicat à régler : celui de la date de publication. Gerard et Marina nous annoncent que, par expérience, il leur semble impossible de prévoir moins de six mois d'enquêtes.

On ne peut réprimer une grimace. Six mois à attendre ! Avec les risques de fuites pouvant donner l'alerte à la banque, mais aussi à des médias concurrents non associés à l'opération, et la possibilité que nos précieux listings, dont nous savons que notre source n'est pas la seule détentrice, soient récupérés par d'autres... Non, vraiment, une demi-année, cela nous semble interminable, déraisonnable.

Nous qui avons l'habitude de travailler dans l'urgence, et qui sommes en plus de nature impatiente ! Mais on se rend rapidement aux arguments de l'ICIJ. Il leur fallait déjà deux semaines pour décrypter nos données, puis au moins autant pour contacter et sélectionner les médias partenaires. Sans parler de la trêve estivale. Ce qui ne laissait finalement que trois ou quatre mois aux journalistes pour investiguer sur les listings...

Il est envisagé de publier l'enquête à la fin de l'année 2014, mais la proximité des vacances de Noël et du Nouvel An conduit finalement à l'idée de sortir l'affaire au mois de janvier 2015. Fin 2014, pour répondre aux demandes de certains journalistes manifestement « à la bourre », on décidera de repousser au mois de février.

Avant de se quitter, à Washington, il est décidé de se revoir à la rentrée, à Paris, avec si possible des représentants des principaux médias associés, afin de faire un point d'étape et de s'assurer d'une parfaite coordination.

Nous rentrons en France optimistes, d'autant que nous détenons une bonne avance sur nos partenaires étrangers. Si dans certains pays comme la Grande-Bretagne deux médias, et non des moindres (la BBC et le *Guardian*), furent « cooptés » pour travailler sur le projet Voyager, la question ne se posa même pas pour la France. D'abord parce que *Le Monde* avait tout à fait les moyens de traiter les données purement hexagonales. Et puis, il ne fallait pas exagérer non plus : on avait déjà accepté d'offrir nos informations exclusives à des dizaines de médias étrangers, on n'allait tout de même pas les proposer à nos concurrents directs !

De retour en France, sans lui dévoiler aucun détail, nous tenons au courant notre source du projet Voyager et de son évolution. GP, et c'est tout à son honneur, n'exige rien, si ce n'est que nous l'informions un minimum de l'exploitation des données. Le recours à un consortium de journalistes d'investigation lui paraît être une excellente idée, lui qui rêvait que l'on dénonce le système global au niveau international.

Au mois de septembre 2014, on réquisitionne la salle du conseil de surveillance du *Monde* pour accueillir, une journée durant, les membres de l'ICIJ et, surtout, plusieurs dizaines de journalistes issus de médias participant au projet Voyager. Neuf heures de discussions passionnées. L'occasion de se découvrir et, surtout, de faire un point sur nos travaux respectifs, autour de plateaux-repas, et de régler tout un tas de détails.

S'ensuivent plusieurs mois d'investigations très poussées sur toute la planète. Nous jetons de temps en temps un œil sur le forum intranet pour examiner l'avancée des enquêtes de nos partenaires. Rassurés de les voir progresser aussi rapidement, inquiets aussi de constater que certains sont désormais en avance sur nous, notamment nos amis du *Guardian*, particulièrement efficaces !

À la toute fin du mois d'octobre 2014, profitant d'un aller-retour à New York City pour participer au mythique marathon – tout aussi interminable que l'enquête mondiale sur HSBC –, on rend une petite visite aux responsables de l'émission *60 minutes*, associée au projet Voyager. Elle est diffusée tous les dimanches soirs, sur CBS. Un monument aux États-Unis. Leur *Envoyé spécial* à eux, puissance cent. Encore une fois, quel choc en découvrant les locaux spacieux de nos confrères... Là aussi, on nage dans l'hyperexigence américaine, ambiance feutrée, absolue certitude d'être les meilleurs – pas forcément à tort. Même si, cette fois, ce sont des journalistes français qui mènent la barque.

Nous retrouvons l'engageante Habiba, l'une des productrices de l'émission. Cette jeune femme d'origine pakistanaise nous avait bluffés lors de la grande réunion organisée au *Monde*, début septembre, par la pertinence de ses questions. Habiba nous emmène déjeuner avec Ira Rosen, l'un des producteurs vedettes de *60 minutes*, une « pointure » du journalisme US, parfait sosie d'Al Pacino (on a tendance à voir des sosies partout, c'est vrai). Un type charismatique, partisan d'un journalisme offensif et efficace, où les états d'âme n'ont pas leur place.

Il se la joue un peu blasé, mais bon...

« Al Pacino » détaille les avancées de l'enquête conduite par CBS, la réaction d'une star d'Hollywood figurant sur les listings et que nos confrères de *60 minutes* ont déjà contacté. Il nous parle aussi d'un ex-ambassadeur américain, en poste au Yémen, et d'argent noir de la CIA. Excitant.

Dans l'avion du retour, malgré les courbatures, on fait un point sur le projet Voyager. On se dit qu'Anne Michel et Simon Piel vont, eux aussi, devoir commencer à passer les coups de fil « désagréables ». Nous étions passés par là, en janvier 2014, lorsque nous avions tiré une première salve, dévoilant les noms de plusieurs dizaines de personnalités françaises titulaires dans les années 2000 d'un compte à la HSBC Private Bank de Genève…

« Allô, bonjour, c'est *Le Monde* à l'appareil. Pour quelles raisons avez-vous placé de l'argent en Suisse ? En avez-vous informé l'administration fiscale ? Avez-vous clôturé ce compte ? »

L'accueil avait généralement été glacial, voire menaçant pour certains. Il y avait même un ancien directeur adjoint du journal sur nos listings.

De toute façon, nous savions que, quels que soient nos choix, ils seraient contestés. Ce qui ne manqua pas de se produire lorsque SwissLeaks explosa au grand jour. « Pourquoi avez-vous décidé de donner le nom de Gad Elmaleh plutôt qu'un autre ? » Combien de fois a-t-on entendu cette remarque ? Comme si le journalisme ce n'était pas cela, précisément : choisir, tout simplement.

Au nom d'un seul critère, l'intérêt général.

Les fêtes de fin d'année passées, on entre enfin dans le *money time*, comme disent nos collègues américains. Après des jours de discussions téléphoniques, des centaines de mails, d'âpres débats sur le forum, tous les participants à l'opération ont finalement donné leur accord pour le 8 février comme date commune de publication.

Gerard Ryle a réussi l'impossible ! Chacun a fait des concessions. Certains plus que d'autres. Car il était évidemment impossible de satisfaire tout le monde. Nous n'étions pas sur les mêmes fuseaux horaires, bien sûr, mais en plus cohabitaient des médias aux contraintes très différentes : quotidiens, hebdomadaires, télévisions, radios... Va pour le dimanche 8 février à 22 heures, donc. À défaut d'être la meilleure solution, qui n'existe pas, c'est sans doute la moins mauvaise.

Dans l'idéal, nous aurions préféré lancer la « bombe » sur le site internet du *Monde* un jour de semaine en fin de matinée, juste avant la sortie du quotidien dans les kiosques. Mais cela aurait été un drame pour *60 minutes*, diffusée le dimanche à 19 heures aux États-Unis, donc en fin de soirée en France. Et l'émission de CBS, outre qu'elle bénéficie d'une caisse de résonance exceptionnelle (plusieurs dizaines de millions de téléspectateurs), est extrêmement importante pour nos partenaires de l'ICIJ, dont le travail remarquable méritait bien quelques sacrifices...

Il faut mettre au point les ultimes préparatifs, et fin janvier 2015, on reprend la direction de Washington DC. Accompagnés, cette fois, d'une JRI (journaliste reporter d'images), Joséfa Lopez, dont nous avons repéré l'excellent travail pour lemonde.fr – elle doit réaliser une vidéo type « making of » –, ainsi que d'Annick Cojean, du service des grands reporters, une « plume » très expérimentée dont la mission sera de raconter cette nouvelle forme de journalisme mondialisé incarnée par l'ICIJ à travers le projet Voyager.

Ou plutôt l'ex-projet Voyager.

Car entre-temps, comme va nous le confirmer de visu Gerard Ryle, il a été assigné un nom de baptême public à l'affaire. Le suffixe anglo-saxon *leaks* (qui signifie « fuites ») ayant marqué les opinions publiques mondiales – grâce au succès des opérations WikiLeaks, Offshore Leaks et autres LuxLeaks –, « SwissLeaks » s'est imposé comme une évidence.

On met à profit ce second séjour dans la capitale fédérale pour discuter de vive voix avec Ahmed Benchemsi, un journaliste marocain exilé aux États-Unis, depuis plusieurs années dans le collimateur de la famille royale du fait de ses articles un peu trop impertinents... et bien informés. C'est à lui que l'ICIJ et *Le Monde* ont confié la tâche d'expertiser les données concernant son pays d'origine. Mission plutôt délicate : des proches du roi (notamment deux de ses frères et sœurs) et Mohammed VI lui-même disposaient d'avoirs dans les coffres de HSBC Private Bank. Nous avions en effet découvert dans nos précieux listings un compte bancaire au nom de « Sa Majesté le roi Mohammed VI », codétenu avec son secrétaire particulier, Mounir El-Majidi. Il avait été ouvert le 11 octobre 2006 à la HSBC Private Bank à Genève.

Le roi et son homme de confiance étaient répertoriés derrière un code interne (BUP, pour *business partner*), dans les livres de la banque sous le numéro 5090190103.

Entre novembre 2006 et mars 2007, le montant maximal enregistré sur le compte royal était de 7,9 millions d'euros. Or il est en principe illégal, pour des résidents marocains, de détenir des avoirs à l'étranger, sauf à obtenir une autorisation de l'office des changes. Depuis, la famille royale marocaine a juré ses grands dieux avoir procédé en toute légalité : nous lui avons demandé de nous produire les documents attestant de sa bonne foi, mais nous attendons toujours sa réponse.

Les montants figurant sur les listings avaient beau être modestes rapportés à la fortune du souverain, dont le patrimoine est évalué à près de 2 milliards d'euros, chacun sait que Sa Majesté n'aime pas, mais alors pas du tout, que l'on s'y intéresse... Ahmed Benchemsi nous fait part de ses craintes, nous met en garde contre d'éventuelles représailles...

On décide instantanément qu'il serait à la fois imprudent et peu confraternel de le laisser seul gérer cette partie de l'enquête. Il est ainsi acté que nous nous occuperons de solliciter, dès notre retour à Paris, les autorités marocaines afin d'obtenir leur réaction, et de cosigner cet article-là aussi. Après tout, ce sont nos informations, et il nous semble logique de devoir en assumer les conséquences les plus désagréables. De toute façon, nous nous sommes fait tellement d'ennemis depuis le début de notre carrière, à force de publier des informations gênantes mettant en cause politiciens véreux, hommes d'affaires indélicats, sportifs dopés, artistes malhonnêtes, mafieux de tous horizons, avocats, policiers ou magistrats dévoyés, que nous sommes désormais totalement blindés, définitivement insensibles aux attaques, insultes, pressions, et autres menaces.

En un mot, mithridatisés.

Mais ce n'est pas la colère prévisible du roi du Maroc qui préoccupe Gerard Ryle en cette fin du mois de janvier. Le patron de l'ICIJ a un motif d'inquiétude beaucoup plus sérieux : le *Guardian* vient en effet de recevoir une injonction de la maison-mère de HSBC, à Londres. Informée par nos confrères britanniques de leurs investigations, elle menace d'empêcher la publication des informations recueillies par le grand quotidien. Logiquement, les journalistes du *Guardian* avaient en effet sollicité la banque afin de pouvoir publier sa position. Or, les tribunaux britanniques peuvent, à la demande d'une partie, interdire préventivement à un journal de publier un article.

Sombre perspective...

Gerard Ryle trouve la parade. L'ICIJ écrit un courrier très officiel à la direction de HSBC, afin de lui expliquer que l'enquête du *Guardian* s'inscrit dans le cadre d'une investigation beaucoup plus globale. Il s'agit de faire comprendre en substance au géant bancaire qu'il aura beau empêcher le *Guardian* de sortir les informations concernant la Grande-Bretagne, celles-ci seront de toute façon publiées dans le monde entier, et évidemment accessibles au Royaume-Uni, ne serait-ce que par le biais d'internet. Le *Guardian* dispose, en plus, d'une édition américaine. Et la banque, si elle maintient son injonction, sera accusée d'avoir tenté de le censurer.

HSBC comprit parfaitement le message de Gerard Ryle et retira sa sommation.

Notre second séjour à Washington touche à sa fin. Nous sommes maintenant dans la dernière ligne droite, et la voie est désormais libre. Plus rien ne peut empêcher l'explosion annoncée du scoop mondial.

Même une impressionnante tempête de neige, finalement providentielle : elle retarde tellement notre vol que nous avons le plaisir de rester dîner à Washington avec nos camarades de l'ICIJ.

Tout près du Congrès, le restaurant réservé par Gerard est immense, le homard délicieux. Joséfa n'aime pas trop l'avion, alors elle force légèrement sur le rouge américain ; Annick, angoissée chronique ou enquêtrice hyperscrupuleuse, au choix, pose encore et encore des questions sur le fonctionnement de l'ICIJ ; nous tentons quelques blagues consternantes… L'atmosphère est légère, chacun sent s'éva porer la pression accumulée au fil des mois.

Enfin, *chacun*, pas tout à fait.

Gerard Ryle, lui, paraît tout sauf détendu. Mais on ne s'en formalise pas. Il nous l'avait dit, il ne savourerait le travail accompli qu'une fois les articles publiés. Nous pensions être stressés de nature mais nous avons trouvé notre maître.

Nous pouvons retourner l'esprit libre à Paris pour tout finaliser. Il faut se coordonner avec nos collègues du monde.fr, de l'infographie, du service photo… Et bien sûr, discuter du déroulé des pages pour ce qu'on appelle le « print », le journal papier, sachant que nous avons prévu de publier toute l'histoire en deux jours, sur plusieurs dizaines de pages. Un dispositif totalement exceptionnel. Qui nous ravit.

Au siège du *Monde*, la task force s'agite, passe des coups de fil, s'esquinte les yeux à vérifier les derniers montants, les ultimes redressements fiscaux. La tension monte en ces premiers jours de février 2015. Quelques détenteurs de comptes restent à joindre, il faut expédier des courriers en recommandé aux récalcitrants. Enquêter sur les réseaux liés à la drogue, remonter les filières d'évasion de capitaux. Décider, bien sûr, quels noms citer. Les choix, forcément subjectifs, se font sans heurts, en totale concertation. Nous nous occupons pour notre part de solliciter HSBC. Rien d'évident. Vont-ils, eux aussi, essayer de bloquer toute parution ? Ou, plus probablement, menacer le journal de poursuites judiciaires ?

HSBC ne communique pas directement. Et ses avocats restent rétifs à tout dialogue.

Il faut donc passer par l'une de ces innombrables sociétés de communication, l'un de ces paravents désormais déployés dans toute affaire d'envergure. DGM Conseil, une boîte spécialisée dans le conseil de crise, est à l'écoute. On ne lui dit pas tout, évidemment, chacun avance ses arguments. Les entretiens, dont le dernier dans une brasserie de Saint-Germain-des-Prés, se déroulent dans un excellent climat. Nos interlocuteurs sont intelligents, affables, et surtout dupes de rien. Mais leur pouvoir est limité, ils nous le font bien comprendre. Leur rôle consiste à faire remonter au sommet les doléances des journalistes, puis à transmettre la réponse. Dans l'intervalle, ils ont fait part à la banque de leurs recommandations.

Nous parlons à nos deux interlocuteurs des 180,6 milliards d'euros cachés en Suisse, selon les décomptes des enquêteurs. Eux veulent bien admettre, d'après leurs propres calculs, une somme globale de 57 milliards d'euros d'actifs présents sur les comptes. L'enjeu est d'importance, dans l'hypothèse de procès futurs et d'éventuelles transactions financières. Nous souhaitons bien entendu interviewer les dirigeants de la banque. Les représentants de DGM Conseil nous disent y être personnellement favorables et prêts à plaider notre cause. Ils savent bien, eux, qu'humaniser et personnaliser le discours d'une banque ne pourra qu'être bénéfique à ses intérêts et à son image. La démarche est restée sans succès.

On s'en doutait un peu.

Cela se terminera donc, finalement, par un communiqué de presse en anglais, disponible pour tous les médias, dans lequel HSBC reconnaîtra du bout des lèvres les erreurs du passé, pour mieux souligner son implication actuelle dans la lutte contre la fraude fiscale. Le tout dans une langue de bois du meilleur cru.

Décidément, les dirigeants, politiques ou d'entreprises, préfèrent éviter le contact direct avec les journalistes d'enquête lorsque la tempête survient... et cela reste un mystère. Il est pourtant tellement plus productif de dialoguer de visu, d'échanger des documents, d'essayer de convaincre son interlocuteur tout simplement, plutôt que d'envoyer au feu des sociétés de conseil, dont l'activité est certes respectable mais dont nous fuyons, par essence, les représentants. Ils ne sont tout simplement pas au cœur de la machine.

La communication est définitivement l'ennemie de l'information.

Et l'antinomie du journalisme d'investigation.

Ce n'est pas le moindre des mérites de l'opération SwissLeaks, d'ailleurs : redonner ses lettres de noblesse à un genre longtemps méprisé – et toujours critiqué. Un genre plutôt coûteux. Oui, le journalisme d'enquête nécessite des moyens. Un état d'esprit, certes, mais aussi une débauche d'efforts, humains et financiers. Deux voyages aux USA, un séminaire à Paris, des déplacements à Genève, Bruxelles... Pas moins de sept journalistes mobilisés à la rédaction du *Monde*, sans parler des dispositifs mis en place par le monde.fr... Il n'est point d'enquête valable sans dépense d'énergie, de temps, et donc d'argent. Sachant que le succès n'est jamais garanti. En l'occurrence, le résultat a dépassé nos espérances !

Pourtant, au début de l'affaire, nous avions parfois eu le sentiment de prêcher dans le désert, d'être un peu seuls à croire à cette enquête. Au point qu'il nous arrivait de douter de nous-mêmes. Après tout, une partie de l'histoire n'avait-elle pas déjà été dévoilée ? Et puis, les faits étaient anciens, puisque les listings portaient sur la période 2006-2007. Sans compter qu'ils recélaient apparemment peu d'hommes politiques français d'envergure.

Ces interrogations nous semblent lointaines, ce dimanche 8 février 2015 au soir, un verre de (mauvais) rouge à la main, au troisième étage du journal, derrière nos collègues du monde.fr, rivés sur leurs écrans, prêts à donner le coup d'envoi de l'opération SwissLeaks en balançant la première « alerte » sur le site. À ce moment-là, chacun dans la salle éprouve un grand soulagement, et une certitude, aussi : la double dimension de l'affaire, internationale mais aussi symbolique, va tout emporter.

De l'autre côté de l'Atlantique, Gerard Ryle, entouré de son équipe dans leurs bureaux de Washington, attend avec fébrilité notre feu vert afin de publier sur le site internet de l'ICIJ une première série d'articles dévoilant l'opération.

À 21 h 56 très précisément, le premier article est mis en ligne sur lemonde.fr sous le titre : « SwissLeaks : révélations sur un système international de fraude fiscale. » C'est le top départ attendu par tous nos partenaires. Dans les minutes qui suivent, les sites des médias associés au projet, l'ICIJ en tête, inondent à leur tour le web de leurs propres informations, toutes issues de la petite clef magique...

Gerard Ryle a effectué sa part du boulot. On l'a revu, fin mars 2015, à Paris, autour d'un bon repas.

Déjà en partance sur un autre projet d'envergure. Conscient de son rôle éminent dans cette affaire.

À la justice de jouer le sien.

Enfin.

VIII

Le juge

Inutile de chercher à le rencontrer.

Il décline toute demande d'entrevue.

Il est précautionneux, soupçonneux même. Parano, disent certains de ses collègues.

On a tenté, bien sûr. Bon, de toute façon, soyons honnêtes, même si l'on avait longuement discuté avec Guillaume Daïeff, juge d'instruction au pôle financier de Paris, nous n'en dirions évidemment rien !

Cet homme d'une quarantaine d'années tient entre ses mains, aujourd'hui, avec sa collègue Charlotte Bilger qui le seconde, le destin de deux grandes banques. UBS, poursuivie pour « blanchiment aggravé de fraude fiscale ». Mais surtout HSBC Private Bank, dont il devait, en ce printemps 2015, décider du sort judiciaire. La banque est poursuivie, en qualité de personne morale, depuis le 18 novembre 2014 pour

« blanchiment aggravé de fraude fiscale » et « démarchage bancaire illicite ».

Le juge Daïeff a assisté de très loin aux premiers développements de l'affaire HSBC. Initialement, elle avait été confiée au juge Renaud Van Ruymbeke. Un an plus tard, en juillet 2014, « VR » est remplacé par Guillaume Daïeff, secondé donc par Charlotte Bilger.

Si Van Ruymbeke a parfaitement conduit les premières investigations, c'est à Daïeff que revient l'honneur – et le mérite – de « sortir » le dossier. C'est lui qui l'a peaufiné, pour, cinq ans après l'ouverture de l'enquête initiale, à Nice, enfin aller au bout...

Il est le dernier maillon de la chaîne judiciaire.

Le parquet a déjà réclamé, dans ses réquisitions signées le 10 mars 2015, le renvoi de HSBC Private Bank devant le tribunal correctionnel en tant que personne morale. In fine, c'est à Guillaume Daïeff de sceller le sort judiciaire de la banque, en paraphant l'ordonnance de renvoi ouvrant la voie à un procès public en correctionnelle.

Le 23 mai 2012, cet homme, auditionné par la commission d'enquête sénatoriale sur la fraude fiscale, s'était amusé à balancer cette phrase, à propos de l'usage voulant que seul Bercy puisse décider de poursuites judiciaires en matière de fraude fiscale (le fameux « verrou » de Bercy) : « Imaginez que le ministre du Budget soit le trésorier d'un parti politique et demande à certains contribuables de financer la campagne, là, le verrou peut être un problème... »

Malicieux, Guillaume Daïeff. À qui d'autre pouvait-il faire allusion, sinon à Éric Woerth et son ami Patrice de Maistre... Il avait aussi ajouté, ce jour-là : « Je pense effectivement que frauder l'impôt, c'est voler tout le monde. » Un rappel salutaire.

Il est ainsi, Guillaume Daïeff. Allure de moine, yeux vifs derrière ses petites lunettes, on le remarque à peine. Une tête de clerc de notaire de province. Un poste prestigieux de vice-président chargé de l'instruction. Mais, sutout, une abnégation et une force de travail qui permettent de déverrouiller les dossiers les plus ardus. Les « huiles » qui défilent dans son cabinet d'instruction n'en conservent généralement pas un excellent souvenir... Demandez à Bernard Tapie – mis en examen pour « escroquerie en bande organisée », sommé de rendre 405 millions d'euros liés à son arbitrage – ce qu'il pense du personnage...

Aux antipodes l'un de l'autre.

Parlez-en à cet autre financier de l'UMP, Guy Wildenstein, poursuivi pour fraude fiscale, redressé à hauteur de 250 millions d'euros...

On ne badine pas avec le juge Daïeff. C'est lui qui s'est colleté avec la justice suisse. Les échanges épistolaires ont été musclés. « Avec la Suisse, l'entraide est excellente dès qu'il ne s'agit pas de fraude fiscale », confiait-il encore, ironique, aux sénateurs en 2012.

Ah, ça, il ne fait pas de bruit. Jamais la moindre confidence *off the record* aux journalistes, encore moins d'interviews, aucune photo, pas de perquisitions-spectacles ni d'initiatives inutilement provocantes...

Mais il bosse à fond ses dossiers, dirige fermement ses enquêteurs, exige des résultats...

Il les a déjà obtenus, dans le dossier HSBC : 103 dossiers transmis par Bercy à la justice, 300 millions d'euros récupérés par l'administration – et ce n'est pas fini. Une paille, bien sûr, comparés aux 180,6 milliards d'euros détenus par HSBC PB en 2007 (chiffre contesté par la banque qui évoque 57 milliards d'euros) et aux quelques 6 milliards d'euros attribués aux seuls fraudeurs français.

Mais le juge Daïeff a encore du temps. Pour se quereller avec ses homologues suisses, par exemple. L'Office fédéral de la justice (OFJ) a ainsi peu apprécié que Guillaume Daïeff ait directement convoqué HSBC, le 1er août 2014, par voie postale, en vue d'une mise en examen, au lieu de passer par la voie diplomatique. Le 9 septembre 2014, les autorités fédérales helvétiques ont donc adressé ce rappel à l'ordre au magistrat français : « De manière générale, nous invitons les autorités françaises à procéder par la voie ministérielle [...]. Il en va de la confiance fondant nos relations interétatiques [...]. Nous sommes sûrs qu'il s'agit là d'écarts exceptionnels. »

Pas vraiment.

Dès le 23 septembre 2014, les juges Daïeff et Bilger ont répondu sèchement à leurs homologues suisses, en reconvoquant HSBC, et en clôturant leur missive par cette phrase définitive : « Nous ne partageons pas vos conclusions. »

Un temps, le juge Daïeff s'est interrogé pour savoir s'il était opportun de transiger avec la banque. Plus précisément, s'il devait se lancer dans la voie d'un plaider-coupable à la française, la fameuse CRPC. Derrière ce sigle barbare, la comparution sur reconnaissance préalable de culpabilité, procédure qui permet d'éviter les affres d'un procès correctionnel. Le juge ou le procureur peuvent proposer cette solution, et le délinquant, s'il l'accepte, sera alors condamné, mais sans audience publique, en espérant atténuer sa peine.

Dans le cas de HSBC, selon nos informations, le montant d'une amende avait été envisagé début 2015. Il avait été très précisément fixé à 1,4 milliard d'euros. Le parquet de Paris, représenté par la sémillante magistrate Ariane Amson, s'est lassé des atermoiements de HSBC, et a fini par requérir un renvoi en correctionnelle. Pas sûr que ce soit une bonne nouvelle pour la banque, qui peut toutefois encore revenir sur sa position et demander une CRPC.

Dans tous les cas, le dossier judiciaire patiemment construit par Guillaume Daïeff laisse peu de place au doute. À tel point que la banque a fui l'Hexagone ! « Le marché français n'est plus un marché, a assuré le directeur juridique de HSBC PB David Garrido aux juges. Il n'y aura plus d'acquisition de nouveaux clients. » Soixante-dix-sept comptes de clients français ont été revendus récemment à la société LGT, au Liechtenstein, et une partie de l'équipe dirigeante de l'époque a dû plier bagages.

Le dossier d'instruction témoigne que tout a été fait, à Genève, Lugano et Zurich, durant ces années 2006-2007, pour accueillir les contribuables indélicats de toute la planète. « Fraudeurs du monde entier, unissez-vous à Genève ! » tel aurait pu être le slogan de HSBC Private Bank.

Parmi eux, 8 936 Français, pris en charge par une vingtaine de gestionnaires de comptes. Les rencontres se déroulaient, dans la plus grande discrétion, souvent dans des hôtels de grand standing. Une fraude à grande échelle, consciencieusement organisée, et parfaitement décrite dans un rapport, en octobre 2014, par Christine Dufau, patronne de l'Office central de lutte contre la corruption et les infractions financières et fiscales (OCLCIFF). La commissaire Dufau, dont le service est chargé des enquêtes politico-financières les plus sensibles, est réputée pour la qualité de ses rapports de synthèse.

Ce document du 31 octobre 2014, qui résume cinq années d'investigations, stigmatise notamment le contournement par HSBC PB de la directive ESD, en fait une taxe européenne applicable en Suisse à partir du 1er juillet 2005. Pour éviter cette nouvelle taxe à ses précieux clients, le directoire de la banque va leur suggérer de créer des structures opaques, en l'occurrence des sociétés offshore basées au Panama ou aux îles Vierges britanniques, dont elle se propose d'assurer la mise en place. Un service facturé au passage par HSBC PB, il n'y a pas de petits profits...

Dans un courrier rédigé au mois de février 2005 par Colin Wyss, alors au comité exécutif, et Denis Soussi, membre de la direction, la banque met en avant les « nombreux instruments et structures » mis à disposition des titulaires de comptes (voir l'annexe 1). En réalité, des sociétés-écrans. Pour Roger Basso, ex-cadre de HSBC, « il ne peut s'agir que de sociétés offshore ».

« La HSBC PB va très activement démarcher [ses clients] afin de leur proposer de transformer leurs comptes personnels en comptes de société, au moyen d'une société offshore interposée pour contourner cette taxation », souligne Christine Dufau. Les policiers s'appuient sur les confessions de nombreux clients français de HSBC et celles d'anciens employés de la banque. Ainsi, Roger Basso a confié : « Les banques savaient que les clients venaient déposer leurs avoirs en Suisse pour échapper au fisc [...]. Ces faits constituent une fraude fiscale. »

Plus de quatre-vingts témoins, clients et gestionnaires confondus, ont été auditionnés, cette fois par les gendarmes de la section de recherches de Paris, saisis au début des investigations. Beaucoup confirment que les clients français se voyaient proposer la création de sociétés-écrans, moyennant une somme de 2 000 à 7 000 euros. Brigitte Sibona, ex-responsable des opérations de HSBC Private Bank, ne fait pas mystère des intentions de la banque. « L'intérêt du client est qu'il évite la taxe ESD et la banque a réalisé une marge en vendant des sociétés offshore, dit-elle aux enquêteurs. La finalité pour la banque, c'est de garder le client. »

Même tonalité chez son ancienne collègue Marie-Louise Duchassin : « Notre hiérarchie était parfaitement au courant de tout ce qui se passait [...]. Cela ne posait pas de problèmes à la banque de savoir que les fonds n'étaient pas déclarés à l'administration fiscale du client. »

D'après M. Garrido, ces sociétés-écrans ne seraient qu'une « manière de structurer le patrimoine ». Les gestionnaires sont mis à contribution, comme l'indiquent les rapports de visite qu'ils dressent après chaque contact avec leurs clients. Par exemple, selon le rapport 7421, en date du 20 mai 2005, le gestionnaire, après un déjeuner à Paris, note qu'il a été décidé avec son client la « création de deux sociétés offshore pour remplacer les comptes privés Crillon et Vedra ». Ou encore : « Avons complété une ouverture de compte société domicilié à Dubaï. Le client est très prudent actuellement car il subit la pression du fisc belge qui enquête sur ses activités dans le domaine du diamant. »

La banque s'occupe vraiment de tout : elle propose à ses clients, contre rétribution bien sûr, « une sorte de paquet », note la commissaire Dufau. Les contribuables français sont contactés, puis rencontrés dans les bars d'hôtels situés dans les beaux quartiers, notamment dans le VIIIe arrondissement de Paris, ou au café de la Paix, près de l'Opéra. Discussions en catimini, on ne s'épanche pas dans ces cas-là. Les documents sont souvent déchirés à l'issue des entrevues. Il arrive, bien sûr, que les clients se déplacent eux-mêmes en Suisse.

Là aussi, discrétion recommandée.

Bernard, un client français, se souvient ainsi que, lors d'un passage chez HSBC, à Genève, il a voulu partir avec, en guise de souvenir, une boîte d'allumettes « portant le logo de la banque ». Et les gendarmes de raconter : « Le gestionnaire lui a dit de ne pas la prendre car si les douaniers le contrôlaient, cela le conduirait directement en prison. » Serge, un autre client, a lui eu le sentiment d'être forcé de créer une société-écran : le gestionnaire de fonds lui aurait assuré « qu'il n'avait pas d'autre choix s'il voulait ne pas être découvert par le fisc français ».

Dans son rapport, la commissaire Dufau répond aussi aux doutes émis par les autorités suisses sur l'authenticité des fichiers établis par les services français, de 2009 à 2010, grâce à l'ex-informaticien Hervé Falciani. « La quasi-totalité des informations sur les clients ont à ce jour été validées par les enquêtes judiciaires », assure l'enquêtrice. Il n'empêche, HSBC PB et ses avocats contestent encore aujourd'hui les méthodes d'extraction des données auxquelles les enquêteurs français ont eu recours. Et la justice helvétique pense toujours que les listings ont été trafiqués par la France...

Cela explique pourquoi le juge Guillaume Daïeff et sa collègue Charlotte Bilger ont toujours autant de mal à obtenir l'aide des autorités suisses, pour qui toucher au secret bancaire reste sacrilège. La commissaire Dufau ne s'est pas privée de le pointer, dans son rapport de synthèse : « À ce jour, les autorités suisses ont refusé de répondre à toutes les demandes d'entraide judiciaire qui leur ont été adressées. »

Au moins, les choses sont claires.

Le 4 octobre 2010, Pascal Gossin, chef de l'unité d'entraide judiciaire de l'Office fédéral de la justice suisse, avait jugé dans un courrier ces demandes « contraires au principe de la bonne foi entre États ». Une attitude calquée sur celle du fisc helvétique, d'ailleurs : « Le fisc suisse, cela est inscrit dans ses gènes, soit ne répond pas, soit s'arrange pour faire une réponse qui ne puisse être exploitée. Ce n'est pas nouveau, car il a toujours agi comme cela », tonnait l'ex-patron de la DNEF, Roland Veillepeau, dans son interview au *Monde*, le 10 février 2015.

Toutefois, l'ouverture récente d'une enquête en Suisse, provoquée par la bombe SwissLeaks, devrait permettre de faire revenir la confédération helvétique a de meilleurs sentiments, et ouvrir la voie à une meilleure coopération judiciaire et fiscale.

Voilà pour le volet purement lié aux méthodes illicites de la banque. L'instruction est donc close, désormais.

Mais il demeure un autre pan, toujours en cours, lui. Car le juge Daïeff a aussi demandé à ses enquêteurs de se pencher sur les clients de HSBC eux-mêmes.

Lesquels enquêteurs sont restés à prudente distance des contribuables étrangers heureux possesseurs de comptes à la HSBC Private Bank de Genève. Pas question, par exemple, d'enquêter sur la fortune de Mohammed VI ! S'il y a peu de chances (c'est une litote, bien entendu) que la justice marocaine ouvre une enquête, les juges français poursuivent donc la leur, se concentrant sur les contribuables français indélicats pris dans les mailles des filets que constituent les listings Falciani.

Des dizaines d'entre eux ont été interrogés ces derniers mois par les gendarmes. Confrontés aux listings, la plupart de ces contribuables n'ont pu que reconnaître les faits. Nombre d'entre eux ont été questionnés par nous-mêmes, mais aussi par nos collègues du *Monde*, Anne Michel, Alexandre Léchenet et Simon Piel, afin de leur donner une possibilité de s'expliquer.

En janvier 2014, nous avions déjà révélé, dans la double page du *Monde* traitant de l'affaire, la présence sur les listings de célébrités telles que l'écrivain Marc Levy, le comédien Michel Piccoli, le réalisateur Cédric Klapisch, l'humoriste Michel Boujenah, ou le millionnaire Alexandre Allard. Mediapart avait renchéri, apportant dans la foulée son écot d'informations. On trouvait également sur les listes Falciani l'ex-président du Conseil représentatif des institutions juives de France (CRIF), Richard Prasquier. Il a confirmé aux enquêteurs l'existence d'un compte, ouvert par ses parents après la Seconde Guerre mondiale, dont il est devenu cotitulaire au décès de son père. Puis, grâce à HSBC (rémunérée 3 000 euros pour ce service), il a créé une société offshore localisée au Panama, baptisée Lotsun et détenant des avoirs pour 5 millions d'euros. « Cette société était implantée au Panama parce que c'est un paradis fiscal, a admis

M. Prasquier. Le compte suisse ouvert à mon nom n'était déjà pas déclaré, et cette société n'avait pour seul but que de nous dissimuler encore davantage. » HSBC pouvait-elle ignorer ce processus de fraude ? « Évidemment, la banque en avait connaissance », tranche M. Prasquier.

Les situations sont souvent fort dissemblables. Prenons le cas d'Alain Afflelou. À l'époque où il détenait un compte chez HSBC, l'opticien était résident suisse. Cela ne l'a pas empêché de payer 150 000 euros de redressement au fisc, lorsqu'il est revenu en France... Ou celui du député (UDI) de la 8e circonscription des Français de l'étranger, Habib Meyer, qui a affirmé ne pas être au courant de ce compte pourtant bel et bien ouvert à son nom.

Xavier Gouyou-Beauchamps, lui, était président d'une société de droit néerlandais, Skygate, titulaire d'un compte chez HSBC. « Je ne peux expliquer la raison de l'existence de ce compte bancaire en Suisse », a lâché l'ancien patron de France Télévisions aux enquêteurs, le 24 octobre 2013. Même incompréhension chez le tennisman Henri Leconte, qui assure avoir placé des avoirs à la HSBC Monaco, mais pas à Genève...

L'avocat Olivier Morice, de son côté, a révélé comment une cliente voulut, en 2006, le rémunérer en Suisse grâce à un compte HSBC, dont il aurait été le bénéficiaire. « On m'a fait remplir un document avec le nom d'une société domiciliée au Panama », s'est-il souvenu le 31 janvier 2013. Après avoir signé à Genève, il s'est ravisé une fois de retour à Paris. Mais son nom est demeuré dans le listing clients de HSBC. L'avocat évoque une « manipulation » et envisage de porter plainte.

Rien à voir avec Antoine Francisci, ancien patron du cercle de jeux Haussmann, à Paris. Lui a bien été client de HSBC PB, à partir de 1990, « pour y recevoir des revenus » qu'il ne « souhaitai[t] pas déclarer au fisc français ». Le courrier reste à la banque, pas question d'éveiller l'attention. « J'ai aussi été lié à des comptes de société, s'est-il souvenu, le 25 novembre 2013. Ces sociétés-écrans avaient pour but d'être officiellement titulaires des comptes, alors qu'en fait les avoirs m'appartenaient. »

Plus de 10 millions d'euros vont s'accumuler dans les coffres appartenant au casinotier. « Mon gestionnaire, assure-t-il, m'avait dit qu'avec ces sociétés-écrans j'allais gagner plus d'argent encore. [...] Il savait que tous ses clients français venaient en Suisse pour cela. » Devenu résident suisse en 2009, M. Francisci dit avoir régularisé sa situation fiscale, moyennant plus de 2 millions d'euros de pénalités.

À tort ou à raison, Gad Elmaleh est sans doute le cas qui a le plus frappé les esprits au moment de la révélation de SwissLeaks. Alors qu'il était apparu sur tous les écrans télés, en 2014, dans une publicité où il imaginait sa banque idéale – LCL en l'occurrence –, il a lui aussi été trahi par les listings Falciani. L'humoriste disposait entre 2006 et 2007, à Genève, d'un compte sur lequel étaient déposés, sur cette période, jusqu'à 80 000 euros. Selon les informations du *Monde*, M. Elmaleh, qui n'a jamais répondu à nos sollicitations, aurait régularisé sa situation auprès du fisc français.

Lisa Azuelos, réalisatrice du film *LOL,* a quant à elle affirmé, via son attachée de presse, en février 2015, que tout était « maintenant réglé », sans s'étendre davantage. Titulaire d'un compte numéroté, l'artiste Christian Boltanski aurait également régularisé sa situation, tout comme Philippe Lavil, heureux héritier d'avoirs à l'étranger, et rattrapé par le fisc sur la base des listings Falciani : « Ça date de très longtemps, a plaidé le chanteur. Je n'ai jamais créé de compte à l'étranger. Il n'y a pas eu de ma part un désir de m'évader fiscalement, je n'en ai d'ailleurs jamais eu les moyens. »

Il y a aussi ces célébrités du sport français, comme le footballeur Christophe Dugarry, évoqué précédemment. Champion du monde avec l'équipe de France en 1998, reconverti avec succès en consultant sportif, il avait ouvert en mars 2005, un mois après avoir achevé sa carrière, un compte associé à une société offshore. Faroe Capital avait été créé spécialement pour lui par la filiale de HSBC dans les îles Vierges britanniques. Un compte crédité de plus de 2 millions d'euros. Loquace à l'antenne, Dugarry oppose en revanche un silence radio absolu s'agissant de ses avoirs helvétiques depuis que sa présence sur les listings Falciani a été rendue publique.

Aymeri de Montesquiou, sénateur (UDI) du Gers, est associé dans les fichiers de la banque à un compte numéroté, ouvert dans les années 1990 et fermé en

1994, compte attaché à une société-écran basée au Panama et nommée Susumi Finance Corporation. Un grand classique. Pourtant, M. de Montesquiou réfute en bloc : « Je n'ai pas de compte à l'étranger », martèle-t-il. Le dernier descendant de d'Artagnan est l'un des protagonistes de l'affaire du « Kazakhgate », révélée sous notre plume dans les colonnes du *Monde* le 7 octobre 2014. Son immunité parlementaire a d'ailleurs été levée dans ce cadre en mars 2015.

Les patrons d'entreprises de toutes tailles sont omniprésents sur les fichiers de HSBC Genève. Le coiffeur Jacques Dessange par exemple. « M. Dessange s'est mis en règle avec le fisc en 2012. Cela lui a coûté cher », a confirmé au *Monde* l'un de ses conseils. Il avait caché au moins 1,6 million d'euros en Suisse, selon les relevés de 2006-2007, derrière le paravent d'un compte à numéro et d'une fondation au Panama, Hacienda, créée en 2005. Même principe pour la famille Mentzelopoulos, propriétaire, entre autres, du prestigieux domaine viticole Château Margaux. Suite au décès d'Armande Montaner Mentzelopoulos, qui régna longtemps sur le domaine, ses héritiers ont été rattrapés par le fisc. Une partie de leur argent a été repéré en Suisse et sur des places offshore, notamment aux îles Caïmans. Là encore, une procédure de régularisation a été engagée avec l'administration fiscale.

Tout comme la famille Ouaki, longtemps propriétaire de Tati. Fabien Ouaki, qui a vendu la société familiale en 2004, a hérité de son père un compte à la HSBC PB de Genève, accolé à « une société artificielle à Panama ». Il a reconnu les faits et s'est mis en règle avec Bercy. Enfin, on retrouve aussi sur ces listings des noms à particule, et tout un tas de patronymes fameux, déjà évoqués dans les chapitres précédents...

Tous ceux qui ont régularisé leur situation et admis les faits ne risquent plus grand-chose, si ce n'est, éventuellement, l'opprobre publique. Et encore... La fraude fiscale semble être devenue un sport national, et les Français sont plutôt indulgents à l'égard des tricheurs. Le fisc, il est vrai, n'a pas vraiment bonne presse dans l'Hexagone.

Pour la plupart d'entre eux, ils ont pourtant commis un délit, et ne doivent qu'au « verrou » de Bercy, qui s'arroge le droit de soumettre ou non à la justice les cas dont le fisc est saisi, d'avoir échappé à des poursuites pénales. « En droit français, le ministère public a seul le pouvoir de décider ou non de poursuites lorsqu'une infraction pénale lui est dénoncée, et de déclencher ou de ne pas déclencher l'action publique. Sauf pour les poursuites pour fraude fiscale », rappelait Roland Veillepeau dans son entretien au *Monde* du 10 février 2015. Selon l'ancien directeur de la DNEF, « ce "verrou de Bercy" constitue une exception qui n'a plus aucune légitimité depuis la mise en place du Parquet national financier (PNF), qui a justement compétence sur les infractions fiscales graves ». « Il s'agit en fait d'une volonté politique, bien ancrée, ajoutait encore Veillepeau. Cet état de fait entraîne nombre de conflits d'intérêts et de dérives. L'administration fiscale s'en sert comme moyen de pression ou monnaie d'échange pour faire accepter des redressements. Le ministre peut également écarter un dossier de poursuites pour des motifs politiques ou amicaux. »

Reste le cas des contribuables qui nient toute action délictueuse, allant parfois jusqu'à contester l'évidence. Ceux-là risquent le procès, car Bercy les dénonce à la justice. Ils encourent des peines extrêmement dissuasives. L'héritière des parfums Nina Ricci, par exemple. Pour avoir dissimulé 18,7 millions d'euros, Arlette Ricci a été condamnée le 13 avril 2015 à trois ans de prison dont un ferme. À soixante-treize ans... Elle avait comparu en février 2015, à Paris, sur le banc des prévenus lors du premier grand procès français directement provoqué par les listings Falciani.

Autre aspect hypersensible, criminel cette fois, le trafic de drogue. Les listings Falciani l'attestent : HSBC PB a permis de blanchir les fonds de narcotrafiquants, sud-américains notamment. En France, cela donne le dossier « Virus ». L'office central de répression du trafic illicite de stupéfiants (OCRTIS) enquête depuis 2012 sur un trafic de cannabis inondant l'Hexagone et ce depuis le... Maroc. Décidément.

Et HSBC PB en a été partie prenante, via la fratrie Elmaleh (sans lien apparent avec l'humoriste) et un mécanisme de blanchiment d'argent. Selon un rapport de synthèse du 6 janvier 2015, « ce système de blanchiment par compensation était dirigé depuis la Suisse par Meyer Elmaleh, dirigeant à compter de 2009 de la société d'investissement GPF, sise à Genève ». La comptable de GPF n'est autre que Joëlle Benaïm, épouse de Marc Benaïm, gestionnaire de comptes chez… HSBC.

Selon les gendarmes, « les clients de GPF avaient des comptes ouverts chez HSBC Suisse, où travaillaient depuis au moins décembre 1999 Judah Elmaleh (membre du comité exécutif) et Nessim Elmaleh ». Le mécanisme est simple. Mardoché Elmaleh, frère des deux cités précédemment, effectuait des collectes d'argent en espèces auprès de trafiquants de drogue. « Puis, assurent les enquêteurs, Mardoché Elmaleh remettait ces fonds en espèces aux fraudeurs fiscaux, clients notamment de HSBC PB, sur instructions de Meyer, ou de Nessim ou de Judah Elmaleh. » Conclusion des enquêteurs : « Meyer Elmaleh était ainsi le pivot et l'organisateur du réseau de blanchiment profitant parallèlement aux trafiquants de drogue et aux fraudeurs fiscaux français… » Un volet de l'affaire toujours à l'instruction et toutes ces personnes, dont certaines contestent ces faits, sont présumées innocentes.

Les gendarmes vont maintenant remonter la filière. Identifier tous ceux qui ont pu contribuer à ce vaste mécanisme de blanchiment de l'argent de la drogue. Déjà, une succursale de HSBC en Angleterre est concernée par les investigations…

Vraiment, oui, quelle incroyable affaire.

Plus on cherche, et plus on trouve. On peut faire confiance au juge Daïeff pour aller au bout.

Du moins, essayer.

L'opération « Banques propres » ne fait que commencer.

Épilogue

Voilà. Terminus provisoire.

Huit parcours humains, professionnels, huit volontés, et un tsunami journalistique.

Dès la mise en ligne sur le site internet du *Monde*, le dimanche 8 février 2015 un peu avant 22 heures, du premier article lançant « SwissLeaks », nous avons compris que l'affaire allait avoir d'immenses répercussions, et pas seulement médiatiques. Nous avions eu un avant-goût des conséquences de cette enquête quelques jours avant sa publication.

En effet, le mercredi 4 février en fin d'après-midi, « Le 360 », un obscur site internet marocain réputé proche du régime chérifien, publiait un article au vitriol dans le seul but d'essayer de décrédibiliser par avance le travail du *Monde*. Titré « La face cachée d'une "enquête" contre la famille royale », il évoquait des « pseudo-investigations » et « des informations réchauffées qui seront sans doute présentées comme des révélations ».

Totalement surréaliste, puisqu'il s'agissait de contester le contenu d'un article ni paru ni même rédigé, le procédé témoignait surtout de l'extrême inquiétude de la famille royale, qui ne supporte pas que l'on s'intéresse à son mirifique train de vie. Le site internet alla jusqu'à reproduire in extenso les courriers adressés par nos soins à l'entourage de Mohammed VI afin de lui proposer de réagir aux informations que nous envisagions de publier. Y figuraient bien entendu nos adresses mail et, surtout, nos numéros de téléphones portables, qui furent ainsi instantanément rendus publics, avec les conséquences que l'on imagine...

Grossière, la manœuvre allait faire long feu : en effet, très partiellement informés du contenu de nos investigations, le site internet comme la famille royale avaient manifestement cru, à tort, que nous préparions une enquête sur la seule fortune de Mohammed VI ! Lorsqu'il apparut qu'elle portait en fait sur des milliers de personnalités à travers le monde, la thèse absurde d'un complot anti-marocain dont *Le Monde* aurait été l'instrument s'écroula. D'ailleurs, une fois nos révélations mises sur la place publique, on n'entendit plus les autorités marocaines protester, de peur sans doute de sombrer un peu plus dans le ridicule. Le roi se borna à nous faire parvenir un courrier assurant que son compte avait été ouvert « dans le strict respect de la réglementation fiscale et juridique en vigueur », sans en apporter pour autant la moindre preuve.

Et Mohammed VI, qui était justement – hasard absolu – reçu à l'Élysée lundi 9 février dans l'après-midi, au moment même où l'affaire SwissLeaks s'étalait à la une du *Monde*, n'évoqua à aucun moment cette histoire, bien embarrassante pour son image, lors de son entretien avec François Hollande.

Les révélations des nombreux médias partenaires du *Monde* provoquèrent de toute façon un tel raz-de-marée que les récriminations du régime marocain, peu habitué il est vrai à l'insolence journalistique, furent rapidement balayées. Les membres de l'ICIJ ont vraiment effectué un travail formidable. Il y eut, en premier lieu, une offensive nominative. Nombre de cas symboliques de fraudeurs ou exilés fiscaux ont été révélés. Cela va de l'avant-centre de la « Céleste », le footballeur uruguayen Diego Forlán, au tennisman russe Marat Safin en passant par le roi Abdallah de Jordanie, le sultan d'Oman Qabus ibn Saïd, le prince héritier de Bahreïn Salman bin Hamad Al-Khalifa, un cheikh frère de l'ancien émir du Qatar Khalifa bin Ali bin Abdullah Al-Thani, le top model Elle MacPherson ou le chanteur sénégalais Youssou Ndour...

Beaucoup de stars de la musique figurent d'ailleurs sur les fichiers, à juste titre pour nombre d'entre elles, devenues résidentes fiscales suisses. C'est le cas, par exemple, de Tina Turner, de Phil Collins ou de David Bowie. L'incomparable égérie du glam rock est, de fait, résident helvétique depuis 1976, l'année où il enregistra l'envoûtant *Station To Station*.

HSBC Private Bank de Genève attirait aussi, du monde entier, des clients beaucoup moins recommandables. Ainsi, il est avéré que certains d'entre eux avaient des liens avec des mouvements terroristes, particulièrement islamistes. Selon un rapport du Sénat américain de 2012, HSBC a longtemps été « une des banques internationales les plus actives en Arabie saoudite ». Aux États-Unis, l'établissement doit sans cesse se justifier. C'est de fait une belle équipe qui figure dans la base de données clients de la banque suisse : un prince saoudien, qui a par le passé protégé le chef d'Al-Qaida ; un autre prince, dont l'épouse a envoyé de l'argent à un des auteurs des attentats du 11-Septembre ; l'ancien trésorier d'une organisation soupçonnée d'être un faux nez d'Al-Qaida ; ou encore un homme dont l'usine a été bombardée par l'armée américaine parce qu'il était soupçonné d'y fabriquer des armes chimiques.

Mais au-delà du strict aspect de la fraude fiscale, souvent liée à des démarches individuelles, c'est la banque elle-même, ses pratiques, ses ententes complices avec les autorités, qui se trouva mise en pleine lumière. On ne dressera pas ici la liste exhaustive, nation par nation, des conséquences de la publication simultanée, dans près de cinquante pays, des informations issues de notre clef USB. Demandes de commissions d'enquête, démissions, excuses publiques de la banque, déclenchement de procédures judiciaires…

La fraude étant internationale, le scandale le fut aussi.

La Suisse elle-même n'y échappa pas. C'est dire.

Pourtant, la confédération helvétique a tout fait pour que l'affaire ne prospère pas. Mais l'ampleur de la déflagration obligea les autorités à réagir. Le 18 février 2015, le ministère public du canton de Genève annonça qu'il avait, « suite aux récentes révélations publiques relatives à la banque HSBC Private Bank », demandé l'ouverture d'une « procédure pénale contre la banque et contre inconnus ». Pour « blanchiment aggravé ».

Jusqu'alors, la justice suisse s'était surtout distinguée par son zèle à traquer, plutôt que les fraudeurs, Hervé Falciani – mis en accusation le 11 décembre 2014 par le Ministère public de la confédération helvétique (MPC) pour « espionnage économique » et « violation du secret bancaire » –, mais aussi par son absence de collaboration avec les magistrats, et pas seulement français.

Ainsi, leurs homologues belges, qui enquêtent également depuis plusieurs années sur HSBC PB, ont publiquement rappelé, juste après la révélation de SwissLeaks, que la justice suisse – tout comme la banque elle-même – n'avait jamais répondu aux demandes de coopération du juge bruxellois Michel Claise, chargé des investigations. Ce juge d'instruction, spécialisé dans la criminalité financière, avait inculpé HSBC Private Bank en novembre 2014 pour « fraude fiscale grave » et « blanchiment », la soupçonnant d'avoir « sciemment » aidé des centaines de clients, en particulier des diamantaires anversois, à tromper le fisc. Le 9 février 2015, la porte-parole du parquet de Bruxelles, Ine Van Wymeersch, précisa même : « Le juge a dit qu'il était tellement difficile d'obtenir des informations qu'il envisageait de lancer des mandats internationaux contre les dirigeants en place en Belgique comme en Suisse. » Au total, les contribuables belges indélicats ont dissimulé près de 6,2 milliards de dollars dans les coffres de HSBC Genève sur la seule période novembre 2006-mars 2007, un chiffre énorme rapporté à la taille du pays.

Tout aussi inquiétant pour la banque britannique, elle est désormais à la merci de poursuites judiciaires aux États-Unis. C'est ce qu'a indiqué, dès le 10 février 2015, la procureure fédérale du district Est de New York, Loretta Lynch – désignée en novembre 2014 par Barack Obama pour remplacer Eric Holder à la tête du ministère de la Justice.

Au mois de décembre 2012, la banque avait déjà accepté de payer 1,9 milliard de dollars pour mettre fin à des poursuites pour blanchiment d'argent de la drogue. Mais cet arrangement ne fournit « aucune protection contre des poursuites » ultérieures fondées sur d'autres faits, a assuré Mme Lynch dans un texte adressé à des sénateurs américains. Mme Lynch s'appuie sur les « articles de presse » consacrés à SwissLeaks. Selon les calculs de l'ICIJ, les quelque 4 200 clients américains recensés sur les listings HSBC PB avaient placé 13,2 milliards de dollars à Genève entre novembre 2006 et mars 2007.

Mais c'est sans doute en Grande-Bretagne, mère patrie de HSBC, que l'onde de choc a été la plus forte. « La commission des comptes publics (de la Chambre des communes) va ouvrir d'urgence une enquête. Nous demanderons à HSBC de fournir des éléments. Nous lui ordonnerons de le faire si cela s'avérait nécessaire », a annoncé à la BBC, dès le 9 février 2015, Margaret Hodge, la présidente travailliste de la commission, ajoutant que « les révélations sur HSBC démontrent une fois de plus l'opacité d'une industrie mondiale au service d'une élite nantie ».

Convoqué par des députés britanniques, le directeur général de HSBC, Stuart Gulliver (qui détenait lui-même près de 8 millions de dollars en Suisse), a d'ailleurs dû essuyer la gronde des parlementaires, tandis que Stephen Green, président du géant bancaire au moment des faits, était publiquement cloué au pilori. Car ce banquier influent était devenu, juste après son départ de HSBC, ministre du Commerce du gouvernement conservateur de David Cameron (2011-2013). « Est-ce que le Premier ministre veut vraiment nous faire croire que pendant les trois années où Stephen Green a été ministre, il n'a jamais parlé avec lui de ce qui se passait chez HSBC ? » s'est exclamé Ed Miliband, chef de l'opposition travailliste, à la Chambre des communes, lors d'un débat houleux.

Pour tenter d'éteindre l'incendie, la direction de HSBC publia même une longue lettre d'excuses dans la presse britannique. Elle fit écho au communiqué que la banque nous avait fait parvenir, au moment de la révélation de SwissLeaks. « HSBC a depuis mené de nombreuses initiatives visant à empêcher l'utilisation de ses services bancaires aux fins d'évasion fiscale ou de blanchiment d'argent, expliquait-elle. Nous reconnaissons et sommes responsables des manquements passés en matière d'observation des règles et de contrôle » (voir annexe 4).

On pourrait encore évoquer le gouvernement argentin, déterminé à réclamer, sur la base de SwissLeaks, plus de 3 milliards de dollars à la banque, ou son homologue brésilien, qui déclencha immédiatement une enquête fédérale sur de possibles « actes illicites »...

La France fait figure de cas particulier.

Très curieusement, il s'agit certainement du pays – pourtant à l'origine du scandale – où la révélation de SwissLeaks a eu le moins de répercussions. Le paradoxe n'est qu'apparent. Pour une bonne et une mauvaise raison.

La bonne, c'est que la justice et le fisc hexagonaux, premiers destinataires des listings, en 2009, investiguent depuis un bon moment sur les pratiques de HSBC Private Bank, et ont déjà épinglé une bonne partie des contribuables français en infraction, ce dont la presse s'était largement fait l'écho ces dernières années : début 2014, *Le Monde* puis Mediapart avaient, on l'a dit, publié – dans une relative indifférence d'ailleurs – les noms de personnalités françaises ciblées par le fisc sur la base des listings HSBC.

La mauvaise, c'est que, très rapidement, la polémique s'est déportée vers... les journalistes du *Monde* à l'origine des révélations. Le scandale n'était plus d'avoir participé à une fraude fiscale colossale, mais de l'avoir révélée ! Une nouvelle fois, les citoyens étaient priés de s'intéresser aux messagers plutôt qu'au message lui-même. Une spécificité bien française, hélas, et qui ne laisse pas d'étonner à l'étranger.

Un chapitre entier ne suffirait pas à dresser la liste des témoignages que nous avons reçus, émanant de journalistes, mais aussi d'universitaires, d'hommes politiques, de responsables d'associations et tout simplement de citoyens, qu'ils soient américains, indiens, anglais ou encore mexicains, tous se disant stupéfaits des violentes attaques dont les journalistes du *Monde* étaient l'objet.

Principale critique portée à notre encontre : nous aurions injustement « jeté en pâture » l'identité de malheureux contribuables, pratiquant ainsi la « délation ». Un terme terriblement connoté, dont personne ne peut ignorer qu'il renvoie quasi automatiquement à l'une des périodes les plus noires de l'histoire de France, la collaboration et sa cohorte de corbeaux. Un comble, nous qui proscrivons totalement, dans nos articles comme dans nos livres, et à rebours de la quasi-totalité de nos confrères, le recours aux citations « off », qui nous font un peu trop penser aux lettres anonymes...

Délation.

C'est Pierre Bergé, l'un des actionnaires du... *Monde*, dont il préside le conseil de surveillance, qui le premier employa le mot, sur les ondes de RTL. Certains crurent voir dans sa sortie la preuve que notre journal n'était pas tout à fait libre, que ses journalistes étaient sous la pression des actionnaires, alors que c'est tout l'inverse :

la colère de Pierre Bergé, proche du régime chérifien, était – par l'absurde, certes – la meilleure illustration de l'impossibilité pour les actionnaires d'avoir la moindre prise sur le contenu éditorial du journal.

Nous pouvons d'ailleurs témoigner ici que, depuis l'arrivée du trio Bergé-Niel-Pigasse, fin 2010, nous n'avons jamais rencontré le moindre obstacle dans l'exercice de notre métier. Xavier Niel, par exemple, a perdu avec SwissLeaks un contrat de plusieurs millions de dollars au Maroc. Il ne s'en est jamais ému publiquement, et ne nous en a jamais fait le reproche.

Au contraire, nous n'avons cessé d'être encouragés à révéler le plus d'informations dérangeantes possible – du moment qu'elles sont d'intérêt public, bien entendu. De toute façon, la rédaction du *Monde*, qui avait immédiatement dénoncé les propos de Pierre Bergé, veille jalousement sur son indépendance.

Si un investisseur souhaite influer sur la ligne éditoriale d'un journal, mieux vaut pour lui placer son argent dans une publication en Corée du Nord – en tout cas pas au *Monde*.

L'essentiel, bien sûr, est ailleurs : SwissLeaks aura non seulement fait office de révélateur (en l'occurrence de l'ampleur de la fraude fiscale), mais aussi d'accélérateur d'un mouvement sans doute irréversible visant à mettre fin à l'opacité financière au niveau international. SwissLeaks a rendu le processus irrévocable : la Suisse n'a désormais d'autre choix que de tenir son engagement d'abandonner, en 2018, son sacro-saint secret bancaire, qui a pourtant fait sa renommée et, surtout, sa prospérité.

Sous la pression des États-Unis, une cinquantaine d'États dont le Luxembourg, Hong Kong ou Singapour, ont déjà promis d'appliquer l'échange automatique d'informations. Certains pays font encore de la résistance, comme le Panama et quelques autres paradis fiscaux.

Ceux-ci constituent probablement les derniers obstacles à cette opération « capitaux propres » à l'échelle mondiale. L'affaire SwissLeaks a également mis en lumière le rôle primordial joué par ces États, si peu regardants sur l'origine des fonds qu'ils abritent. La direction de HSBC Private Bank elle-même ne recommandait-elle pas à ses clients de se réfugier derrière des sociétés offshore afin de créer un écran supplémentaire et d'échapper ainsi un peu plus sûrement aux taxes ? Omniprésentes (plus de 20 000) sur les listings dérobés par Hervé Falciani, ces sociétés-écrans sont loin d'avoir livré leurs secrets, puisque leurs ayants droit sont encore, pour beaucoup d'entre eux, inconnus des services fiscaux, des magistrats ou des... journalistes.

Voilà pourquoi l'affaire HSBC n'est pas terminée.

Plusieurs enquêteurs français ayant travaillé sur les fameuses données nous ont même fait part de leur conviction que les fraudeurs les plus importants, les cas les plus sensibles, se dissimulaient sans doute derrière des « faux nez » de toute sorte : des hommes de paille, comme ces prétendus « employés HSBC » (c'est du moins ainsi qu'ils apparaissaient dans les registres de la banque), détenteurs parfois de dizaines de millions de dollars, et dont on cherche toujours les vrais propriétaires. Mais aussi, et surtout, ces fameuses sociétés-écrans. Intuition confortée, le 27 avril 2015, par les révélations de Mediapart sur la fortune cachée de Jean-Marie Le Pen. L'ancien président du Front national aurait placé, à Genève, en toute discrétion, 2,2 millions d'euros chez HSBC par l'intermédiaire de son majordome, Gérald Gérin. Ce dernier serait l'ayant droit d'un trust, basé aux îles Vierges britanniques, titulaire officiel du compte ouvert chez HSBC Private Bank... Tout porte à croire que Jean-Marie Le Pen ne serait pas un cas isolé. Combien d'autres personnalités, politiques notamment, se dissimulent-elles encore derrière d'opaques structures ?

Voilà ce qui pourrait expliquer l'incroyable fébrilité qui s'empara, en France, des autorités fiscales, judiciaires et surtout politiques, au moment de gérer ces encombrants listings dérobés de l'autre côté de la frontière par Hervé Falciani.

De nombreuses investigations restent donc à mener. Dans certains pays, elles ne font même que commencer ! L'Autriche, la Slovaquie, le Portugal ont par exemple, juste après la révélation de SwissLeaks, demandé officiellement à la France communication des listings. Pourtant, leur existence était connue depuis plusieurs années, mais, manifestement, certains États n'avaient jusqu'alors pas jugé urgent de les réclamer. Miracle de la médiatisation… Raison de plus pour les journalistes de poursuivre leurs enquêtes.

Depuis février 2015, plusieurs dizaines de journaux du monde entier, de Monaco à la Croatie, nous ont demandé, ainsi qu'à l'ICIJ la possibilité de consulter les listings HSBC. Le *New York Times*, par exemple, examine à son tour les données américaines.

La fin de l'histoire reste à écrire.

Nous avons mis à l'abri quelques copies de notre clef USB.

Simple précaution.

Annexes

ANNEXE 1
Lettre de la direction de HSBC à ses clients

HSBC Private Bank

Février 2005

Compte No : XXXXXXX

- INFORMATIONS FISCALES IMPORTANTES -

Cher client,

Suite à notre lettre de septembre dernier, nous désirons vous confirmer que le cadre de l'accord entre l'Union Européenne (UE) et la Suisse (la « Directive de fiscalité des revenus de l'épargne » (DEF) est en cours de finalisation et qu'il est presque certain que nous devrons retenir un impôt à la source sur les revenus d'intérêt perçus pour votre compte dès le 1er juillet 2005.

Nos archives indiquent que vous serez soumis à cet impôt étant donné votre statut de résident de l'UE. Veuillez nous informer immédiatement si cette information est incorrecte ou si votre statut a changé.

La retenue à la source de l'impôt est l'option par défaut en Suisse, mais vous pouvez encore choisir de demander à la Banque de divulguer vos revenus aux autorités fiscales de votre domicile. Veuillez noter que nous ne divulguerons ces informations qu'après réception d'instructions explicites de votre part. Sur demande à votre Gestionnaire de Compte, nous vous fournirons le formulaire approprié à remplir et à nous retourner.

Veuillez noter que différentes possibilités existent pour atténuer l'effet économique de cet impôt ou même pour profiter de certains scénarios de marché qui émergeront suite à son introduction. Certains produits de cette nature peuvent être disponibles dans votre pays de résidence et vous pouvez nous contacter à ce sujet.

Vous pouvez également souhaiter restructurer vos avoirs pour procéder à des investissements en obligations à intérêt non imposable. En outre, d'autres produits sont et seront disponibles pour vous offrir une gamme de possibilités de gestion des liquidités à court terme. Votre gestionnaire se tient volontiers à votre disposition pour évaluer avec vous les différentes options.

Alors qu'un projet destiné à la mise en place en Suisse de la Directive de fiscalité des revenus de l'épargne a été publié, certaines questions n'ont toujours pas trouvé de réponse claire. Nous vous suggérons de discuter de vos avoirs personnels en fonds et en titres avec votre Gestionnaire de Compte.

Par ce bref message, nous espérons vous avoir rendu attentif au fait que, bien que la date butoir du 1er juillet 2005 soit proche, de nombreux instruments et structures existent qui peuvent vous permettre d'améliorer vos rendements dans ce nouvel environnement.

Cordialement.

HSBC Private Bank (Suisse) SA

Colin Wyss
Membre du Comité Exécutif

Denis Soussi
Membre de la Direction

Annexe 2
Courriel d'Hervé Falciani aux services secrets britanniques et allemands

From: "toomuchwalls@yahoo.fr" <toomuchwalls@yahoo.fr>
Subject: **tax evasion**
Date: March 7, 2008 1:21:01 PM GMT+01:00
To: zentrale@bundesnachrichtendienst.de

I have the whole list of client of one of the world top five private bank.
1/ This bank is based in Switzerland.
2/ I'm also granted to access to the Information System.

From: toomuchwalls@yahoo.fr
Subject: **tax evasion: client list available**
Date: March 18, 2008 11:03:59 PM GMT+01:00
To: Sosfa-action@fco.gov.uk

I have the whole list of client of one of the world top five private bank.
1/ This bank is based in Switzerland.
2/ I'm also granted to access to the Information System.

From: toomuchwalls@yahoo.fr
Subject: **tax evasion: client list available**
Date: March 18, 2008 11:05:09 PM GMT+01:00
To: Enquiries.estn@hmrc.gsi.gov.uk

I have the whole list of client of one of the world top five private bank.
1/ This bank is based in Switzerland.
2/ I'm also granted to access to the Information System.

ANNEXE 3
Lettre d'Hervé Falciani aux services secrets allemands

Ruben Al Chidiack
Birth: 19/03/1972
25/03/2008 Geneva
barack_j@yahoo.co.uk

Dear Madame Venter,

Please contact me by email.
Here follow a few facts required to present better what I possess:

1. All the clients' detail of the **HSBC Private bank SA (Switzerland):**
   - 20130 Companies
   - 107181 Persons
2. Historical data of their assets since many years until nowadays (aroud 70 gigas)
3. I have about 40 tables full of data

Here a few details about the structure of the data I have and after a few statistics :

<u>Assets :</u>

SCTY_NB	INTEGER
PERIOD_DT	INTEGER
GRAP_NB	INTEGER
ASRB_ID	SMALLINT
THIRD_PART_CD	VARCHAR
CLIE_NB	INTEGER
IN_ASSET_CR_AMT	DECIMAL
OUT_ASSET_CR_AMT	DECIMAL
ACCRUED_INT_CR_AMT	DECIMAL
IN_ASSET_DB_AMT	DECIMAL
OUT_ASSET_DB_AMT	DECIMAL
ACCRUED_INT_DB_AMT	DECIMAL
TYPE_CLIENT_FLG	VARCHAR
GRAP_CURRENCY_ID	INTEGER
ACCO_CD	VARCHAR
RUBRIC_GROUP_CD	INTEGER

Annexe 4
Réponse de HSBC à SwissLeaks

Mise à jour sur l'évolution de la situation - janvier 2015

Présentation générale

HSBC Global Private Banking (GPB) et en particulier sa banque privée suisse, HSBC Private Bank Suisse, ont subi une transformation radicale ces dernières années. HSBC a mené de nombreuses initiatives visant à empêcher l'utilisation de ses services bancaires aux fins d'évasion fiscale ou de blanchiment d'argent.

Par le passé, le fonctionnement du secteur bancaire suisse était très différent d'aujourd'hui. Les banques privées, y compris HSBC Private Bank Suisse, partaient du principe que la responsabilité du paiement des impôts incombait aux clients et non aux établissements où se trouvaient leurs comptes. Généralement, les banques privées suisses étaient utilisées par de riches individus pour gérer leur fortune de manière discrète. Il existe de multiples raisons légitimes de posséder un compte bancaire en Suisse, mais dans certains cas, des personnes profitaient du secret bancaire pour détenir des comptes non déclarés. Par conséquent, plusieurs banques privées, dont HSBC Private Bank Suisse, avaient un certain nombre de clients qui ne respectaient probablement pas pleinement leurs obligations fiscales. Nous reconnaissons et sommes responsables des manquements passés en matière d'observation des règles et de contrôle.

Depuis plusieurs années, nous avons pris des mesures décisives pour mettre en œuvre des réformes et donner congé aux clients qui ne respectaient pas pleinement les nouvelles normes strictes de HSBC, notamment lorsque nous avions des doutes quant à leur observation des règles fiscales. Nous avons en outre réorienté notre banque privée suisse vers les clients des marchés stratégiques du Groupe, tels que les propriétaires et mandants des entreprises clientes des banques commerciales du Groupe. À la suite de ce repositionnement, HSBC Private Bank Suisse a réduit sa clientèle de près de 70 % depuis 2007.

Nous sommes résolus à échanger des informations avec les autorités concernées et appliquons activement des mesures garantissant la transparence fiscale de nos clients, avant même l'existence d'une obligation réglementaire ou juridique de le faire. Nous coopérons également avec les autorités qui enquêtent sur ces questions.

Évolution des attentes du secteur

Les attentes des autorités et du public concernant le rôle d'une banque en matière de contrôle du respect des obligations fiscales de ses clients ont considérablement évolué. Aujourd'hui, on attend des banques qu'elles aident l'administration fiscale à poursuivre les fraudeurs en plus de ne pas faciliter l'évasion fiscale ou toute autre forme de non-respect des obligations fiscales.

Des réformes réglementaires majeures sont en cours dans de nombreuses juridictions pour garantir le partage d'informations en temps voulu avec les autorités concernées. Les conventions fiscales bilatérales, la loi américaine FATCA, la Norme commune dedéclaration de l'OCDE et d'autres initiatives visent à améliorer la transparence et à s'assurer que, dans un avenir proche, une personne souhaitant « cacher » des actifs à l'administration fiscale ne puisse plus le faire.

HSBC salue et soutient ces réformes, notamment le passage à la Norme commune de déclaration en 2016-2018, et nous sommes déjà en train d'adopter toutes les mesures nécessaires pour remplir nos obligations.

Les réformes de HSBC

Historique

Avant l'acquisition de Republic National Bank of New York and Safra Republic Holdings SA, une banque privée américaine, en 1999, HSBC avait une activité de banque privée limitée, orientée principalement vers les clients du Groupe. HSBC Private Bank Suisse a été acquise en grande partie par le biais de cette transaction. L'entreprise Republic/Safra s'adressait à une clientèle très différente et possédait une tout autre culture que HSBC. Une fois acquise, elle n'a pas été pleinement intégrée au Groupe, afin de permettre aux différentes cultures et normes de subsister. De trop nombreux petits comptes à haut risque ont été conservés et l'activité couvrait plus de 150 marchés géographiques.

Nous reconnaissons que la culture du respect des obligations et les normes de diligence raisonnable de HSBC Private Bank Suisse, et du secteur des banques privées en général, étaient nettement inférieures à ce qu'elles sont aujourd'hui. Dans le même temps, HSBC était gérée de manière moins unifiée qu'à présent et les décisions étaient souvent prises au niveau de chaque pays.

Présent

En janvier 2011, la nouvelle direction du Groupe a changé fondamentalement la façon dont il est structuré, géré et contrôlé. HSBC a été réorganisé en quatre branches d'activités mondiales : Global Banking & Markets (banque et marchés), Global Private Banking (banque privée), Commercial Banking (banque commerciale) et Retail Banking & Wealth Management (banque de détail et gestion de patrimoine). En outre, des fonctions mondiales, comprenant les services chargés de la gestion des risques et du respect des obligations (Risk & Compliance), des affaires juridiques (Legal) et de l'audit (Audit), ont été créées pour garantir un contrôle centralisé et une meilleure surveillance.

Parallèlement, HSBC a entrepris une réorganisation complète de toute son activité de banque privée, qui s'est ajoutée aux initiatives prises précédemment quant aux clients américains depuis 2008. Pour la première fois, la gestion mondiale de GPB a été transférée en Suisse pour procéder à cette élimination des risques et cette refonte.

GPB est revenue à son modèle d'activité initial, orienté vers les propriétaires et mandants des entreprises clientes des banques commerciales du Groupe. Aujourd'hui, l'équipe dirigeante qui mène ces réformes depuis la Suisse est radicalement différente de ce qu'elle était avant 2011.

Exposé des changements

À partir de 2012, GPB a élaboré une politique de transparence fiscale, en annonçant qu'il fermerait les comptes et refuserait tout nouveau contrat dès lors qu'il existe des raisons de penser que le client ou potentiel client ne respecte pas pleinement les obligations fiscales applicables. Dans le cadre de l'initiative relative à la transparence fiscale, les comptes existants que la banque avait l'intention de conserver ont fait l'objet d'un examen. Chaque compte a été étudié au regard d'une liste de contrôle normalisée afin d'identifier les indicateurs potentiels de non-respect des obligations fiscales. Les problèmes rencontrés ont été examinés de plus près et, s'ils n'ont pas été résolus de manière satisfaisante, le compte a été fermé ou destiné à une clôture dès que possible.

Dans le cadre de l'initiative relative à la transparence fiscale, nous avons également amélioré nos procédures de connaissance des clients (KYC), notamment grâce à une validation indépendante par des commissaires aux comptes, et celles de lutte contre le blanchimentd'argent (AML) pour garantir un examen plus complet de la source des revenus d'un nouveau client.

Nous avons modifié nos conditions générales de vente pour exiger que les clients confirment qu'ils sont en règle au regard de leurs obligations fiscales. Les nouvelles conditions générales ont permis à la banque privée de refuser une demande de retrait d'espèces et imposé des contrôles stricts pour les retraits supérieurs à 10 000 dollars américains. Lorsque la législation le permet, les conditions générales donnent le droit à HSBC de communiquer les informations d'un client aux autorités fiscales compétentes. Nous avons supprimé le service de garde de courrier et mis en œuvre une nouvelle politique pour remédier aux éventuelles actions au porteur figurant sur des comptesdétenus collectivement.

En outre, nous nous sommes retirés des marchés où nous ne pouvons pas exercer une diligence raisonnable à un niveau satisfaisant sur nos clients. Chaque année, nous passons en revue au plus haut niveau du Groupe toutes les personnes politiquement exposées, avec l'aide de notre Cellule de renseignement financier. Comme le reste du Groupe HSBC, GPB a considérablement augmenté le nombre de collaborateurs du service chargé de la gestion des risques et du respect des obligations.

Le résultat de nos réformes est évident, le nombre de comptes etd'actifs totaux de la clientèle de HSBC Private Bank Suisse ayant été activement réduit par cet exercice intensif d'élimination des risques, au cours duquel nous avons fait passer le respect des obligations et la transparence fiscale avant la rentabilité :

Actifs de la clientèle (en millions de dollars) Nombre de comptes

140 000 35 000

120 000 30 000

100 000 25 000

80 000 20 000

60 000 15 000

40 000 10 000

20 000 5 000

0 0

2002 2003 2004 2005 2006 2007 2008 2009 2010 2011 2012 2013 2014

Nombre de comptes Actifs de la clientèle (en millions de dollars)

o En 2007, HSBC Private Bank Suisse totalisait 30 412 comptes. À la fin 2014, nous avions réduit ce nombre à 10 343.

o En 2007, les actifs totaux de la clientèle de HSBC Private Bank Suisse s'élevaient à 118,4 milliards de dollars. À la fin 2014, ce nombre avait été activement réduit pour atteindre 68 milliards de dollars.

o En 2007, HSBC Private Bank Suisse comptait des clients résidant dans plus de 150 pays. Nous sommes en train de donner congé à des clients résidant dans plus de 100 de ces pays.

Normes mondiales

Dans un contexte plus large, notre directeur général Stuart Gulliver a annoncé en avril 2012 que HSBC entendait appliquer les normes les plus strictes et efficaces au sein du Groupe pour lutter contre ladélinquance financière. Nous poursuivons la mise en œuvre de ces normes mondiales (Global Standards) et sommes maintenant engagés depuis un peu plus de deux ans dans un programme de cinq ans visant à transformer notre façon de gérer le risque de délinquance financière. Les mesures d'élimination des risques prises par HSBC au niveau mondial et les réformes globales que le Groupe met en place nous permettront d'avoir un programme solide et durable de lutte contre le blanchiment d'argent et d'observation des sanctions. Entre autres mesures, HSBC a notamment :

• assumé avec succès un certain nombre d'obligations essentielles découlant de sanctions aux termes d'un accord de suspension des poursuites pendant deux ans conclu avec le procureur de district de New York, qui a expiré en décembre 2014 ;

• renforcé la maîtrise des questions de délinquance financière par le Conseil d'administration et les cadres supérieurs du Groupe ;

• ajouté 1 750 professionnels de la déontologie entre le quatrième trimestre 2013 et le troisième trimestre 2014, portant le nombre total de collaborateurs spécialistes en la matière à 6 900 au sein du Groupe ;

• réduit le risque global de délinquance financière auquel nous sommes exposés – en renonçant aux produits, clients et marchés présentant un risque de délinquance financière trop élevé pour être géré ;

• publié des stratégies mondiales en matière de lutte contre le blanchiment d'argent et de procédures de sanctions (nos normes mondiales) et mis en place des systèmes, des procédures, des formations et une assistance pour appliquer ces stratégies partout où HSBC est présent ;

• créé un réseau mondial de Cellules de renseignement financier (FIU) pour identifier et étudier les cas importants, les tendances et les questions stratégiques liés aux risques de délinquance financière et partager les données et renseignements utiles au sein du Groupe.

Vol de données

Sur une période de plusieurs mois entre fin 2006 et début 2007, un informaticien de HSBC Private Bank Suisse, Hervé Falciani, a systématiquement et délibérément récupéré les détails des comptes et clients. Cette action constitue une violation flagrante du droit pénal suisse. Il est accusé d'avoir tenté de vendre les données à des banques libanaises sous un faux nom, comme l'a clairement indiqué le ministère public de la Confédération dans un communiqué de presse le 11 décembre 2014 (https://www.news.admin.ch/message/index.html?lang=fr&msg-id=55629).

À la connaissance de HSBC, Hervé Falciani n'a jamais fait remonter la moindre préoccupation à sa hiérarchie, ni utilisé le service téléphonique de lancement d'alerte qui était en place au moment du vol de données.

Les autorités françaises ont saisi les données volées au domicile des parents d'Hervé Falciani en France. Celui-ci ne les leur a pas livrées volontairement. Depuis, les autorités françaises ont partagé les données avec de nombreux États dans le monde. HSBC a coopéré et continue de coopérer dans la mesure du possible pour répondre aux demandes d'information des gouvernements concernant les titulaires de comptes. Cependant, fournir des données relatives aux clients à des autorités étrangères constituerait en soi une infraction pénale au regard du droit suisse.

On ignore si l'intégrité des données a été préservée et si les donnéesd'origine étaient elles-mêmes complètes et exactes. De récentes allégations d'un policier français travaillant à Nice laissent penser que les données ont été manipulées et pourraient donc contenir des inexactitudes notables.

Table

Cet ouvrage a été composé
par Nord Compo à Villeneuve-d'Ascq (Nord)
et achevé d'imprimer en France
par CPI Brodard et Taupin
à La Flèche (Sarthe)
pour le compte des Éditions Stock
31, rue de Fleurus, 75006 Paris
en mai 2015

PAPIER À BASE DE
FIBRES CERTIFIÉES

Stock s'engage pour
l'environnement en réduisant
l'empreinte carbone de ses livres.
Celle de cet exemplaire est de :
600 g éq. CO_2
Rendez-vous sur
www.editions-stock-durable.fr

Imprimé en France

Dépôt légal : juin 2015
N° d'édition : 01 – N° d'impression : 3011099
11-07-1635/0